当好安全员丛书

商贸服务企业安全员工作指导

孟燕华　孙殿阁　赵秋生　编

中国劳动社会保障出版社

图书在版编目(CIP)数据

商贸服务企业安全员工作指导/孟燕华，孙殿阁，赵秋生编．—北京：中国劳动社会保障出版社，2012

(当好安全员丛书)

ISBN 978-7-5045-9685-7

Ⅰ.①商…　Ⅱ.①孟…②孙…③赵…　Ⅲ.①商业企业-安全管理　Ⅳ.①F715

中国版本图书馆 CIP 数据核字(2012)第 070600 号

中国劳动社会保障出版社出版发行

(北京市惠新东街 1 号　邮政编码：100029)

出 版 人：张梦欣

*

北京金明盛印刷有限公司印刷装订　新华书店经销

880 毫米×1230 毫米　32 开本　6.375 印张　138 千字

2012 年 4 月第 1 版　2012 年 4 月第 1 次印刷

定价：18.00 元

读者服务部电话：010-64929211/64921644/84643933

发行部电话：010-64961894

出版社网址：http://www.class.com.cn

前　言

安全员作为企业基层的安全生产管理人员，肩负着企业安全生产的重任，安全员的工作能力与水平，直接关系到企业的安全生产水平。所以，安全员应该具备敏锐的安全意识和丰富的安全生产知识，在工作中能够辨识危险源，分析危险、有害因素，及时向领导反映，提出整改意见和措施，把事故扼杀在萌芽状态，确保企业的生产安全和职工的生命健康。

安全员的工作能力不仅要在平时的工作实践中获得，更重要的是要系统地进行理论学习，掌握新的安全技术和方法，不断地把理论应用于实践，用学得的知识指导日常工作，才能使安全管理工作系统化、全面化，不会遗留安全隐患和死角。“当好安全员”丛书正是从这个角度出发，全面、系统地讲述了行业安全生产的特点，安全员需要掌握的相关法律、法规、制度、标准和特定企业的生产技术，以及职业健康和应急救援知识，是为企业安全员量身定做的一套案头必备的图书，适合于安全员定期培训和日常工作参考。此套丛书具有如下特点：

1. 权威性。此套丛书的作者均为安全生产领域的资深专家、学者，在安全生产理论研究领域有所建树，又常深入企业生产一线进行安全生产工作指导，熟悉企业的生产特点。

2. 实用性。此套丛书不仅讲述了企业安全员应该掌握的基本知识，还穿插列举了一些真实案例，并给予恰当的点评，对安全员具有实际指导意义。

3. 专业性。此套丛书除设置一本企业安全员通用的教材之外，其他均按行业编写，突出行业特色，更具有针对性。

内 容 简 介

安全员作为企业基层安全工作人员，其素质和工作能力直接影响企业安全工作的成效，关系到职工群众的生命安全与健康。现代安全管理不但要求安全员具备相应的安全技术知识，还要求其掌握现代安全管理方法并具有分析问题和解决问题的能力。因此，不断加强业务学习，了解安全生产法律法规，掌握职业安全健康知识及安全管理方法，已成为每位安全员的迫切要求。

全书共分六章，介绍了企业安全员的角色认知、现代安全管理、商贸服务企业安全知识、职业健康知识、作业现场安全管理和事故现场应急等相关知识。

本书坚持理论联系实际，依据现行的职业安全健康法律法规和标准，内容翔实可靠，突出科学性和实用性，适合于安全员、班组长、基层安全管理人员阅读，也可作为工会劳动保护监督检查员和广大职工的参考书。

目　录

第一章 企业安全员的角色认知

第一节 安全员的角色与职责

基层安全员是企业安全管理网络中的末梢，这是一个较为特殊也很重要的群体。许多安全信息的传递、作业地点与作业人员的安全状态、安全隐患的查处、各种设备的安全防护等，凡是与安全有关系的问题，都需要由安全员来监督检查和督促完成。

一、安全员的角色

安全员作为企业中最基层的安全生产管理人员，其作用举足轻重。但要在岗位上有所作为，充分发挥自身的作用，就要正确地认识自身肩负的责任，把握好自己的职权，以高度的责任心开展工作。

1. 安全员的四种角色

（1）当好“先锋官”。安全员在安全生产上是主角。有的安全员担心自己抓安全得罪人，工作起来有力而不敢使，这主要是对自己在安全工作中的角色认识不到位。因此，安全员要及时找到自己的位置，增强主动性，在自己的职权范围内大胆管理，切实起到“报警器”和“稳定剂”的作用。

（2）做好“二传手”。当好“先锋官”并不是说事事要亲自做，关键是找准自己的位子，即做好“二传手”。一方面为企业领导分忧，另一方面保障职工生命安全和企业财产安全。因此，安全员应积极主动地想办法、出主意，起到上情下达、下情上传的作用，使得企业上下协调配合。

(3) 唱好“黑脸”。作为一名安全员，对职工在生产过程中出现的违章行为，必须严肃对待、严加处理，不能感情用事、姑息迁就。要把违章当成事故来对待，切实把安全工作做实做细，从而保证职工生产作业的本质安全。

(4) 当好“扫雷兵”。伤害事故的发生往往是难免的，在事故发生后，安全员要挺身而出，迅速采取应急措施，并协助企业认真查找事故原因，采取有效的补救措施，积极为企业解困、为职工解难，把事故损失降到最少。

2. 安全员的类型

目前，越来越多的年轻人走上了安全员的岗位，但他们大部分是靠师傅带徒弟的方式或靠自己平时的摸索了解、感悟什么是管理，因此缺乏系统的管理知识。由于安全员一般都不脱产，属于业务和管理“一肩挑”，如果一个安全员没有较高的业务素质，不精通业务细节，不熟悉管理规程，就抓不住工作的关键环节。常见的缺陷型安全员的类型如下：

(1) 盲目执行型。这种类型的安全员往往缺乏针对性，不能有的放矢地开展工作，表现为态度和作风生硬，给人一种官僚主义的感觉。

(2) 大撒把型。有些安全员不是很乐意承担这一职责，工作中往往表现为得过且过，对工作没有责任心。这样的安全员实际上是徒有虚名。

（3）劳动模范型。在工作中，这种类型的安全员一般踏踏实实、勤勤恳恳，但不能指导、帮助身边的职工一同搞好安全工作，所以如果不对其进行管理能力方面的培训，他们就很难胜任安全员工作。

（4）哥们儿义气型。这种类型的安全员对待职工常常称兄道弟，像哥们儿一样，在工作中自然也容易意气用事，缺乏原则性。

（5）生产技术型。这种类型的安全员往往是业务尖子，但缺乏人际关系的协调能力，工作方法比较简单，常常用对待机器的方法来对待人。

缺陷型安全员的特点和改进方法见表1—1。

表1—1　　缺陷型安全员的特点和改进方法

类型	优点	缺点	改进方法
生产技术型	业务能力强，能独当一面	缺乏人际关系协调能力；工作方法比较简单；处理问题比较机械	进行人际关系方面的学习和改进
盲目执行型	能不折不扣地完成上级交给的任务	具有执行的精神；缺乏创新和管理能力；态度和作风生硬，有官僚主义的感觉	多领会上级意图，开拓创新，多学习管理方面的知识，提高领导艺术
大撒把型	无	对工作没有责任心；得过且过；没有威信	加强责任心
劳动模范型	工作踏实，勤勤恳恳，不讲报酬	靠自己的行动影响职工工作；不适合承担开拓性工作	加强管理能力，发挥领导作用
哥们儿义气型	有凝聚力，讲究义气	容易感情用事；缺乏原则性，把自己混同于非正式小团体的小头目	找准位置，摆正态度

二、安全员的作用

很多基层企业在班组往往设有安全员，但一般都是兼职的，就是说班组安全员在干好本职工作的同时，还要协助班组长抓好班组的安全管理工作。班组作为企业的细胞，其安全是否可靠直接关系企业安全生产的大局，而安全员作用发挥得如何，对搞好班组安全生产有着极大的影响。因此，应充分发挥安全员的作用。

1. 组织指导作用

安全员的组织指导作用就是引导职工按照车间、班组的安全工作计划朝着确定的目标开展安全工作。在组织职工开展各项安全生产工作时，充分发挥其作用，如组织职工做好生产前的准备工作，强调在作业过程中应注意的安全问题等。安全员的组织能力发挥得好，对有效杜绝各类事故的发生起着至关重要的作用。

2. 宣传教育作用

广泛开展预防事故宣传教育是做好安全工作的重要前提。安全员与岗位工人工作在一起，可充分发挥其在职工群众中的宣传作用，利用工间休息和日常闲聊适时地在工人当中进行安全知识的宣传教育，这是做好安全工作的一项重要举措。例如在生产过程中，可根据生产特点、作业强度等，利用工间休息的时间有针对性地进行预防事故的安全知识宣传教育。另外，在每周的安全日活动上，可根据一周以来所开展的工作、完成的任务和生产变换等情况，及时在会上进行安全工作分析教育，对出现的事故苗头或上级通报的一些典型事故案例等，组织班组人员进行讨论分析，让职工在思想意识上时刻绷紧安全这根弦，在班组形成时时、处处、事事讲安全的良好氛围。

3. 检查监督作用

抓安全工作，难就难在各项安全制度和措施的落实上。安全员与岗位工人工作在一起，可充分发挥其检查监督的作用，把规章制度和安全措施贯穿到日常工作之中。要从点滴入手，严抓细管，从穿衣着装、日常出勤、物品放置等细小环节抓起，从小事上下工夫，严格检查落实各项安全制度，做到事故苗头一出现就有人管，异常情况一出现就有人报，使职工时刻保持清醒的头脑，做到居安思危，常抓不懈，预防不测，及时消除不安全因素，防微杜渐。

总之，安全员必须始终如一地履行好自己的安全职责，发挥好自己的作用，经常向领导汇报安全状况和职工的思想动态，持之以恒地抓好安全工作。

三、安全员的职责和工作特点

安全员不是一种职务，只是一个在一线直接从事安全管理的角色。人们常说，安全员是一个良心活儿。这种说法虽然不全面，但是也反映出了安全员工作范围和工作尺度的弹性。对违章行为，对事故隐患，对预防措施，责任心不强的安全员可以睁一只眼闭一只眼，这样被查人员还有可能心存感激，但长此下去，谁能保证不出事故。因此，安全员必须认真履行自己的职责，在工作中做到敢说敢管敢干，才能搞好企业的安全管理工作，杜绝和减少各类事故的发生。

1. 安全员岗位职责

（1）执行党和国家在安全生产、劳动保护方面的方针政策、法规和上级的指示，协助领导做好安全生产管理工作。

（2）参与技术人员制定单项工程安全技术措施，协助项目领导检查安全制度的落实。

（3）深入现场检查安全工作，发现隐患，及时组织处理，制止违章作业和违章指挥。

（4）参加班组安全活动，指导班组的业务工作，检查班组日志。

（5）随时掌握施工生产安全动态，在生产调度会上及时进行通报。

（6）负责现场大型设备及物资运输安全，协助工伤事故的处理和上报。

（7）负责劳保用品的安全检查与监督。

（8）做好安全工作的原始记录，按时上报有关资料和报表，并及时向有关部门汇报工作。

2. 安全员的工作特点

安全员是一线安全工作的指挥员和战斗员，要履行好岗位职责，就不能当脱产干部，必须和岗位工人打成一片，坚持做到三个“不脱离”。

（1）不脱离生产任务。在生产工作中应勇于承担重任，凡是需要岗位工人完成的生产任务指标，自己要带头完成，以优质、高效、超额的工作成绩赢得职工的信任，树立自己的威信。

（2）不脱离生产现场。既要坚持上好白班，又要经常参加夜班生产。如此，才能掌握生产现场的真实情况，取得生产全过程中的安全运行第一手资料，增强安全管理的针对性、及时性。

（3）不脱离班组职工。只有调动班组职工的积极性，才能提高班组安全工作的水平。安全员要经常和班组职工沟通思想，帮助其解决思想困惑、生活和工作中的实际困难，不使一名班员带着思想包袱上岗；要因地制宜地多组织、开展一些健康向上、寓安全教育于其中的文体活动，培养团队精神，建设和谐班组；要经常召开恳谈会，主动把自己融入集体之中，把自己放到与班员平等的位置，和班员共同商讨班组安全工作，相互尊重、理解和支持，形成合力。

3. 工作中的常见问题

安全工作需要长期与职工打交道，要批评、处罚违章人员，因此可以说是得罪人的工作。安全员与部分职工矛盾冲突大、关系紧张的主要原因是相互之间缺少沟通与理解，职工对待安全的意识、态度与安全员不一致是造成矛盾的关键，主要表现如下：

（1）职工安全意识淡薄，缺乏安全知识，不能正确地认识事故隐患，比如施工中安全员认为存在隐患的地方，操作者却认为没关系，得过且过，或认为安全员过于紧张，没事找事。

（2）不少职工存在侥幸心理、冒险心理、麻痹心理、逆反心理等各种心理障碍，对安全员的提醒不重视，对安全员的管理不服从，我行我素。

（3）一些职工虽然知道违章要受处罚，并知道严格的安全管理是在保障自己的安全，但处罚所涉及的经济利益比安全生产所带来的利益更直接，心疼钱，无法接受。

（4）安全员与车间主任、班组长在认识上不一致，安全管理工作得不到支持，工作难度大。

上述思想问题不解决，安全问题仅靠处罚或强制执行来解决，只会增加职工对安全员的反感，甚至对安全工作产生抵触情绪，使矛盾冲突加深。许多安全员往往等到矛盾冲突发生后才想办法解决，使得安全工作较为被动。要改变这种状态，安全员必须充分发挥主观能动性，在平时就要寻找机会主动找职工交谈，进行沟通来寻求共识，提高职工的安全意识，丰富职工的安全知识，以获取职工更多的关心、理解和支持。

第二节　对安全员的要求

作为奔波在生产一线的安全员，其形象和素质的高低优劣，是企业安全管理水平的具体体现。一个合格的安全员，在生产一线不仅要善于发现隐患，还要懂得一些心理学的知识，掌握好每位职工的心理反应和思想动态，因人施教，做到有的放矢。安全员要有超前意识，这样才能做到防患于未然，把一切事故消灭在萌芽状态，杜绝一切所谓“意外事故”的发生。

一、安全员的素质

尽管安全员的角色似乎“很小”，但要干好这一角色并不容易，因为安全工作对安全员的要求是很高的。一名优秀的安全员必须具备以下过硬的素质：

1. 思想素质

对于从事安全工作的安全员来说，安全思想素质是最基本的素质，首先必须热爱安全工作，能吃苦耐劳，视安全工作为己任，牢固树立安全就是健康、安全就是生命的观念。

2. 文化素质

安全员文化水平的高低与自身的工作岗位有着密切的关联。文化水平较低，工作起来就会感到很吃力，不能得心应手。因此，文化水平低的安全员应充分利用工余、节假日，加强文化知识的学习，以适应形势的发展和日常工作的需要。

3. 专业素质

安全员安全专业知识丰富与否，直接关系到安全管理工作的水平和成效。安全员必须练好“内功”，勤奋学习，及时掌握、了解、运用安全生产的新知识、新信息、新经验和新技术，在实际工作中不断总结，丰富自我，提高专业素质。

4. 管理素质

安全管理是一项系统工程，涉及生产的全过程、全方位，包括安全计划、交底、检查、考核、培训等一系列的工作内容，所以安全员要全面系统地了解各项工作内容，掌握工作方法，提高安全管理素质，保证安全生产的顺利进行。

二、对安全员的要求

1. 具有丰富的安全知识

很多安全员都是“半路出家”，没有系统地学习过安全知识，也没做过安全工作，因此必须不断地学习，丰富自身的安全知识，提高安全技能，增强安全意识。一个合格的安全员必须了解国家有关安全生产和职业卫生方面的法律、法规、规章和标准；熟知机械安全、电气安全、特种设备安全、职业病防治、个体防护等方面的知识；具有安全生产管理、安全生产技术方面的知识，熟悉本企业、本岗位生产及工艺情况。

2. 具有熟练的操作技能

一个合格的安全员不仅要掌握安全知识，还要具备各岗位的现场操作技能。在指出别人的违章行为时，可以以身示范，按标准要求进行熟练操作，这样才具有说服力。

3. 具有强烈的责任心和认真细致的工作作风

安全员的责任重大，必须树立全心全意为人民服务的思想，对自己的工作负责，对他人的安全负责，哪怕让自己受委屈，也不能放弃自己对职工的保护责任。安全员在工作中还应认真细致，牢记“安全在于谨慎，事故出于麻痹”这一道理。在作业或检修工作中，安全员应当是工作最为细致的人，因为在作业人员的意识中，安全责任往往推到安全员身上，虽然这种想法是不对的，但安全员还是应当尽可能地想到预防事故的方方面面，采取各种有效的防范措施，做到防患于未然。

4. 具有强烈的敬业精神、奉献精神

作为一个安全员，首先应热爱安全工作，有“爱”这个原动力，才会体会到安全管理工作的重大意义、重大责任，才会体会到自己的工作价值，才能全身心地投入安全工作中去。安全工作是比较耗费时间和精力的工作，很多工作都需要利用工作之余完成，加班加点、熬通宵是难免的事情。因此，只有不怕困难、真正愿意做安全工作、具有奉献精神的安全员，才能真正做好安全工作。

5. 具有坚强的意志

安全员在管理中时常会遇到困难，在制止、处罚违章行为时，有的职工不理解，甚至产生抵触情绪；事故调查时“你遮我掩”，没人说明事情的真相。面对众多的困难和挫折，安全员不能畏难、退缩，不能消沉，更不能一气之下什么都不管了，要勇于克服困难，激流勇进。

6. 具有宽容的心态

安全工作是原则性很强的工作，由于一些职工不理解，会发生各种各样的矛盾、冲突、争执，甚至受到辱骂、指责。这种时候，安全员应当注意工作方法，耐心疏导。因此安全员必须具有宽广的胸怀，保持一个良好的心态，而不能“以其人之道还治其人之身”。

7. 具有解决矛盾冲突的能力

作为一个安全员，难免会遇到各种各样的麻烦。安全员不但不能惧怕矛盾，还要勇敢面对矛盾，把处理矛盾作为锻炼自己的途径，在不断的解决矛盾中提高自己处理问题、解决冲突的能力。不能采取“大事解决不了，小事不屑解决”和大事小事全找领导汇报解决的方式。

8. 具有良好的职业道德

德高望重才能树立威信，让人信服。安全员只有自身做得对，具有良好的道德风尚，职工才会接纳安全员的意见，服从安全员的管理，安全员的工作才能得心应手。安全工作必须讲原则，保持并维护自己的正确立场不变，对于存在的违章行为和事故隐患，要敢于站出来制止，否则将可能导致伤害事故的发生。参与事故调查时，做到实事求是，取证充分，工作中还要不徇私情，做到不怕打击报复，不怕恶言威胁，不怕流言飞语。

9. 具有反应敏捷和发散思维的决断能力

企业的安全生产形势千变万化，即使安全管理再严格，手段再到位，都有不可预测的风险。当看到潜在的危害事件时，能做好各项工作的风险辨识；当遇到紧急情况时，可果断地下命令，启动应急预案。事故发生后能处理及时，把各种损失降到最少。

10. 具有良好的身体素质

在工作中，为了安全上不留“死角”，不论是高空装置，还是地下设施，安全员要巡检到现场的所有角落，因此避免不了要东奔西走，无论白天黑夜，无论天气好坏，只要有人作业，安全员就要工作，没有良好的身体素质很难做好安全工作。

第三节　安全员的工作方法

在安全工作中，广大安全员尽职尽责，为使企业职工免遭事故伤害付出了大量的精力，也总结出了很多行之有效的工作方法。

一、安全员工作方法

1. 依靠职工，相互团结

常言道："一个篱笆三个桩，一个好汉三个帮""众人拾柴火焰高""团结就是力量""人心齐，泰山移"。所有这些都说明了依靠职工、搞好团结的重要性。

依靠职工、相互团结的一个重要方法，就是遇事同大家商量，尊重职工的意见。安全员不能只听顺耳意见，不听逆耳意见，即使是错误意见，也要耐心进行说服教育，引导职工正确对待。搞好团结的主要技巧有以下几点：

（1）开诚布公。有问题摆到桌面上来，讨论时要从工作出发，不感情用事。要实事求是，不隐瞒自己的观点。处理问题时要以理服人，不以权势压人。开展教育批评时，要从团结的愿望出发，不整人、不伤人、不夸大事实，对人对己都一分为二。

（2）出于公心。要有安全成绩归功于大家、缺点错误主动承担责任的风格，多做自我批评。发现职工有违章的苗头，安全员要及时进行批评教育，将事故隐患消灭在萌芽状态。

（3）办事公平。不能厚此薄彼，亦亲亦疏，更不能对合得来的职工亲如兄弟，对其违章行为装聋作哑，甚至为其遮盖；对合不来的职工则视若仇人，对其缺点、错误添油加醋，给予不恰当的批评。

2. 抓好典型，以点带面

“榜样的力量是无穷的”“要使火车跑得快，全靠车头带”。抓先进典型，是提高安全工作水平的一条重要途径。因此，安全员要通过抓先进典型，来以点带面、以点促面。

3. 运用激励，强化动力

搞好安全工作的内在动力是全体职工的责任感和积极性。运用激励机制，是调动职工群众积极性的有效方法。

4. 突出重点，“弹好钢琴”

讲究工作艺术，是安全员做好安全工作的一个重要方面。安全工作的内容相当广泛，若安排不当，就会出现顾此失彼的现象。解决这个问题的办法，就是学会“弹钢琴”。弹钢琴要求十个手指的动作有节奏，互相配合。安全工作也是一样，要抓住重点，有主有次，不能眉毛胡子一把抓。安全员如果抓不住工作重点，那就等于捡了芝麻丢了西瓜。当然，其他方面工作的配合和协调也要抓好，不能有的动有的不动，把其他工作丢掉。

二、安全员工作经验荟萃

1. 安全员工作中的“多”

(1) 工作中坚持“五多”

1) 多学习提高。学习是提高能力的基础和前提。随着安全管理要求的不断提高和安全科技的不断进步，安全员如若不重视加强学习，其素质就难以达到岗位工作要求。因此，要通过学习政策法规，不断提高思想认识，增强做好工作的光荣感、责任感和使命感；通过学习业务知识，不断把握对安全工作规律性的认识，提高工作的科学性、规范性和系统性；通过学习实践技术，不断提高发现隐患、治理隐患和处置突发问题的能力。

2）多借鉴他人经验。安全工作要克服经验主义，但绝对不是不讲究经验，安全工作中的实践经验对做好工作确实具有积极的指导作用。安全员在实际工作中不能故步自封、妄自尊大，既要向本班组有实践经验的师傅学习，掌握一两手技巧、绝活，提高实战能力；又要经常走出本班组、本单位，向兄弟班组和他人学习借鉴先进的管理经验，把别人的经验、方法与本班组的实际结合起来，不断提高班组安全管理水平。

3）多与职工沟通。安全员要养成民主管理作风，日常工作中注重听取职工的意见和建议，通过交流、座谈讨论、班务公开等多种方式征集职工的合理化建议，集中职工的智慧。同时，通过与职工交流，既可以及时掌握其思想动态，对存在的不稳定情绪进行正确引导，消除思想上的误区，还可以把自己的工作思路与职工进行深入的沟通、探讨，以赢得理解与配合，不断取得职工对安全员工作的支持。

4）多请示汇报。安全员作为安全工作的责任人，所负责的仅是全局安全工作的一部分。要通过经常性的请示汇报，下情上传，使领导和管理部门对生产一线的安全工作情况准确把握，为领导决策提供第一手信息，赢得领导对基层安全工作的支持；上情下达是将领导的决策和工作意图及时传达到职工之中，不断提高工作的及时性、实效性、针对性和执行力。

5）多开展活动。安全员要不断创新安全管理的方式方法，如果工作总是按部就班，缺少创新，就容易使职工产生麻痹和疲劳心理。可通过开展案例分析、知识竞赛、故事演讲、岗位互检、现场参观、技术比武、难题攻关、预案演练等多种方式，增强工作的新颖性、趣味性和灵活性，不断提高大家做好安全工作的热情。

（2）工作中坚持“多动”

1）多动脑。头脑空空是做不好工作的。安全员要胜任本职工作、做出成绩，就要注意发现工作中出现的问题，多动脑勤思考，不断积累和总结工作经验，努力改进管理方法。

2）多动手。安全员不仅要当好指挥员，更要当好战斗员。工作中要勤于动手，和职工一起开展设备维护、技术革新、隐患整改、岗位练兵和技术比武等活动，共同提高实践技能。

3）多动口。安全员要当好宣传员，通过不同形式及时向职工传达上级对安全生产工作的重要部署和具体要求，宣传企业的规章制度。安全员还要当好辅导员，利用班前会对安全操作规程、技术要领和应急预案进行讲解；利用班后会对当班职工的安全工作情况进行总结，肯定成绩，指出问题，鼓励先进，鞭策落后，推动职工共同进步。

4）多动眼。安全员要勤于观察，及时发现职工的不稳定情绪，做好思想工作，消除安全隐患。安全员还要及时发现职工在生产过程中的不安全行为，随时加以纠正；及时发现设备运行中的隐患，及时加以排除。

5）多动腿。安全员不能当“脱产干部”，坐在办公室内遥控指挥抓安全，而要多走动，深入作业现场、操作岗位和班组职工当中，勤检查，勤沟通，多指导，多帮助，和职工打成一片。

6）多动笔。安全员要养成勤记工作笔记的习惯，把上级安排的工作和自己想到的事情随时记录下来，以避免工作中的遗漏和差错。安全员还可以把工作和学习中的点滴体会记录下来，利用下班时间再仔细翻阅，为以后的工作提供思路。

2. 安全员工作中的“会”和“明”

（1）工作中坚持“四会”

1）会学。这是当好安全员的首要因素。在安全生产方面，安全员对上是智囊，对下是权威，失去了技术指导的安全员，其权威性就会大打折扣。生产中除了违章行为有明显的表现外，许多事故隐患并不明显，要发现各种设备存在的事故隐患，就必须具有扎实的专业功底。因此，必须有针对性地学习专业知识和管理方法。首先，明确学习重点，知道自己缺什么。其次，明确学什么，应针对安全员所承担的安全管理、监督、服务、指导等职责，学习企业管理知识，学习新技术、新工艺，为安全生产打牢基础。最后，明确怎样学，要在自身学习的基础上，指导、帮助职工共同学好安全知识。

2）会查。生产作业中，及时发现人的不安全行为和物的不安全状态，是安全员的一项重要工作内容。首先，要具有敏锐的观察能力，善于抓苗头，查明安全规章、技术措施是否落实，做好事前控制，同时要留心职工的思想动态，消除麻痹思想。其次，能够发现安全管理中存在的问题，进行有针对性的改进，或者向领导提出合理化建议，进行相应的调整。

3）会说。首先，对违章现象要会说，即对存在的问题、违章行为要说到点子上，说出危害性，让违章的职工真正有所醒悟。教育、批评时要掌握火候，不要只讲大话、大道理，对不同的人要采取不同的方式，因人而异，因事而异，如对重点关注的人要经常提醒，重点防范；对一般人要注意观察，多加提醒，特别是上岗前的提醒，往往比当场训斥好得多。其次，对管理中的问题要会说，即当好参谋，对安全管理各个环节中存在的问题，能提出切实可行的整改意见和建议。

4）会抓。安全员要对整个安全生产过程进行监督，包括安全制度的建立、各种安全规章制度的执行。首先，要抓规章制度的建立，创新安全管理的理念和模式，大胆探索安全管理的方式和方法。其次，要抓规章制度的落实，重点帮助新工人树立安全意识，帮助老职工建立习惯性的安全思维，着重纠正习惯性违章，培养职工遵章守纪的习惯。再次，要抓职工的培训教育，通过收看安全警示片，开展安全知识问答等活动，确保学习效果落到实处。最后，定期组织职工对安全生产提出合理化建议，调动职工的积极性和能动性，群策群力搞好安全生产。

（2）工作中坚持“四明”

1）思想上要明“理”。安全工作是人命关天的大事。作业岗位是安全生产事故的多发地带，操作工人往往是事故的行为人或伤害对象。因此，保安全就是保生命、保健康、保利益。安全员要对安全工作的重要性有清醒的认识，要以为职工谋利益的态度做好本职工作。

2）工作上要明“责”。安全责任重如泰山，安全工作人人有责。只有职工齐心协力，个个遵章守纪，人人尽职尽责，才能实现岗位安全。因此，安全员除了履行好自己的职责，还要让岗位工人都能明确岗位责任，个个成为安全人。

3）行为上要明“策”。岗位安全靠规范管理，须讲究策略，注重发挥人的主观能动性。安全员要以实际行动发挥自己的感召力，带动岗位工人做好安全工作。

4）管理上要明“情”。安全员在安全管理中要注重人性化，不仅要用规章制度教育人，还要以情感人，关心职工的思想和生活。同时，还要采取激励机制，通过检查考核、评比表彰等形式，激励员工做好安全工作。

3. 安全员工作中的“不”

安全员作为生产现场安全管理的第一“执行官”，其工作优劣决定了企业安全规章制度、安全措施的落实，决定着职工的生命安全，关系到企业的生产效益，因此安全员要敢于打破情面，坚持做到“三不当”和“三不”。

（1）工作中坚持“三不当”

1）不当“睁眼瞎”。安全员在工作中要理直气壮地管安全，不怕得罪人。如果不敢讲、不敢管，怕得罪人，做“睁眼瞎”，对隐患视而不见，那就是不称职的安全员。这样的安全员形同虚设。

2）不当“老好人”。为做到安全无事故，安全员在检查安全时要从严从细入手，深挖细查，不留死角。要避免走马观花，本着“宁可信其有，不可信其无”的原则，对可查可不查的坚决要查，对查出的安全隐患与事故苗头要做到跟踪整改，对严重的违章事件一追到底，绝不姑息，勇于当“恶人”。

3）不当“乌龟腿”。安全员要经常到生产现场去“挑刺儿”，发生紧急情况时应及时赶赴现场处理，所以要练就两条“兔子腿”，而不当“乌龟腿”，慢慢吞吞。安全员还要做到“小题大做”，要把安全上的“小事”当“大事”来抓，做到急事急办。

(2) 工作中坚持“三不”

1) 不甘平庸、勇于创新。随着企业生产条件、工艺技术和职工队伍的不断变化，对安全工作的要求也在不断变化。所以安全员必须在实践中不断转变思想观念，改变原有的思维定式，以新的视角看待过去的老经验、老方法，以新思想、新理念、新举措去做安全工作。

2) 不尚空谈、埋头苦干。安全工作是一项具体工作，没有真抓实干的认真精神，再好的设想也只能是空想。埋头苦干就是要以身作则，认真做好分内的每一件事情，执行好操作规程规定的每一个步骤，在对待规章制度上不越雷池半步，在遵守劳动纪律上不钻一点空子，要求别人不做的，自己坚决不做，以模范遵守各项规定和踏实做好每一项工作的实际行动为职工树立榜样。

3) 不畏艰难、百折不挠。安全工作长期性、艰巨性、复杂性的特点，决定了抓安全不是一朝一夕的事，必须牢固树立长期作战的思想，必须有坚韧不拔的毅力，面对问题处变不惊、从容应对，努力克服厌倦情绪和疲劳心理，持之以恒地做实做好各项安全工作。

三、安全员工作实践介绍

平安是每个职工的需要，关系到职工的切身利益，而安全员的工作就是保护职工的安全，是在帮助职工。从这个意义上讲，职工与安全员之间的关系应相处得很融洽。这里以安全员与职工谈话交流为例，介绍安全员的沟通工作。

1. 找准沟通的对象

基层安全管理工作涉及的内容多，人手有限，安全员不能把全部的精力都花在交谈上，这就需要对沟通对象进行选择。应注意以下几类人员：

（1）违章者。违章者受到处罚后，经济利益受到了损失，可能有抵触情绪，带着情绪干活，易导致注意力不集中，因而影响施工安全。

（2）事故整改负责人。一项整改的负责人要先做好思想工作，使其明白为什么要整改，为什么要他来完成整改，并让其愉快地完成任务。

（3）违章次数多的人员。这类人员安全意识较差，或受各种环境因素的影响，工作力不从心，若不及时纠正易导致事故发生。

（4）新进厂职工。这类人员对工作岗位还不太熟悉，操作中容易出现差错，要经常向其提醒操作中的安全注意事项。

（5）对安全管理提意见、提建议的人员。职工的很多意见和建议反映了其思想状态，对安全工作提出的意见，正确的要及时采纳，不正确的要进行讲解分析。

（6）车间主任、班组长等相关管理人员。对发现的安全问题，要及时向班组长或车间主任汇报，使其及时了解作业现场的情况，采取有针对性的措施。

（7）情绪不好、有思想负担的人员。要及时了解这类人员情绪不好的原因，帮助其排解不良情绪，以免在操作中出现差错。

2. 营造良好的谈话氛围

和谐的谈话氛围是进行沟通的基本条件，安全员在与职工谈话时，通过把握谈话技巧来创造沟通的融洽氛围。而日常工作中注意与职工建立平等、互爱互重的人际关系，也是创造良好的谈话氛围的关键之一。作为一名安全员，应尊重每一位职工，热情对待职工，职工有困难寻求帮助时，尽力而为，使职工感到安全员想自己所想、急自己所急，真正感到温暖。安全员还应有宽容心，在日常工作中，或许会有各种各样的冲突，部分人员受到处罚后，有的不服气，有的甚至殴打、辱骂安全员。有了宽容心的安全员就不会计较这些，而是积极想办法消除误解。

3. 选择好谈话地点及场景

对于冲突较小、谈话内容较简单、了解情况式的交谈，不会伤害别人的自尊心，不涉及他人利益，也不涉及保密内容，这样的谈话可以在施工现场进行，不用顾及周围人。而对那些时间长、内容较多的谈话，应到办公室或休息室单独坐下来沟通。根据预见的沟通难度，可采取单对单交谈或多人一起进行谈话，有必要的话还可以请相关人员协助谈话。另外，不同的人具有不同的性格特征，谈话时间、时机的选择，主要看工作的需要或职工的现场表现。安全员必须有敏锐的思维能力和观察力，寻找好的谈话时机，并根据职工的心理状况，采取合适的谈话策略。

4. 做好谈话准备

作为一名安全员，对于每一次谈话都必须高度重视，每一次都应对谈话目的，谈话需要达到的效果，怎么谈，在什么地方谈；谈话中有可能遇到的矛盾冲突，如何解决；谈话的最坏结果是什么等问题进行周密的思考。有必要的话还应对谈话对象的性格特征进行调查、研究，对相关情况进行了解，做到知己知彼。安全员在谈话前也应明确自己的思想宗旨，要时时告诫自己是为职工服务，要有愉快的心态；是让职工放下思想包袱，而不是使矛盾深化。

5. 采取不同的谈话方式

在工作中会遇到各种性格的人，如自大型、暴躁型、胆怯型、内向型等，要针对不同的性格采取不同的应对方法。如自大型的人，其自尊心强，好摆架子，在态度上盛气凌人，有拒人于千里之外的表现，对这类人可赞扬其某些判断和看法，但要不卑不亢，坚持正确的立场，不要过于让步。再如暴躁型的人，往往遇事不假思索，暴跳如雷，但事后经常后悔，对这样的人说话不能太直接，力求委婉；处罚时先不说如何处罚，应使其先低头认错，再谈处罚问题；如若发生冲突，可采取中断谈话的方法，或找人协助进行谈话。其他性格人员的谈话技巧需要在实际工作中进行尝试、总结和分析。

6. 保证谈话的成效

（1）打破僵局，回避冲突。在违章处罚及隐患整改时，安全员与职工往往由于各持己见，谁都不愿意让步或妥协而出现僵局，甚至情绪对立。在这种情况下，安全员要沉着、冷静，有谅解对方的风度，切忌意气用事，否则，将扩大矛盾，加剧冲突。此时，可暂停谈话，消除对立，或者转移话题，以达到其他方面的共识，缓和气氛。

（2）开诚布公，坦率相待。工作、生活中，任何人都希望别人相信自己，要想得到别人的信任，首先自己要以诚待人。安全员主动找职工谈话，是对职工负责，是为职工着想，是想做好安全工作，这些思想都可以真诚地向职工表白，用亲切的言语体现对职工的关怀，即使职工情绪再紧张也会有所缓解。

（3）坚持原则，敢于否定。当面合情合理地否定对方，往往比回避更有效。比如谈话中，安全员说道："你不能为了个人的利益损害大家的利益""你不要以为吵闹可以解决问题""不能为了你个人而违背规章制度"等，不仅表明了立场，而且坚持了原则。

7. 把握谈话的策略

（1）忍耐策略。有时，职工为了不被处罚，会采用各种手段来说服安全员，有的软磨硬泡，有的威胁恐吓。安全员要在“忍”字上下工夫，不意气用事，不以牙还牙，这才是优秀安全员的素质体现。

（2）“先发制人”策略。对待处罚，有的职工会说情，有的职工持抵触情绪。可以直接告诉对方必须对危险源进行整改，必须受到处罚，但语言应讲究艺术。

（3）换位思考策略。引导职工站在安全员的角度来考虑问题，如“你认为你处在我的位置应该怎么办”“如果我把这事放过了，会造成什么后果”等。安全员也要站在职工的角度分析问题，如“这次违章你确实不是有意的”“我处在你的角度也会有这样的看法”等。

第二章 现代安全管理

第一节 安全管理概述

安全管理就是以安全为目的，进行有关决策、计划、组织和控制方面的活动。安全管理的目的是通过管理的手段，达到控制事故、消除隐患、减少损失的目的，使整个企业达到最佳的安全水平，为职工创造一个安全舒适的工作环境。随着安全管理的实践和科学技术的进步，安全管理大致可以分为两个阶段，即传统安全管理和现代安全管理。现代安全管理是在传统安全管理基础上的进一步提高、健全和完善。

一、安全管理方法

1. 传统安全管理

传统安全管理的特点如下：

(1) 事故发生后吸取经验教训，采取措施，防止事故重复发生。

(2) 基本上凭经验和感性认识分析、处理生产中的各类安全问题。

(3) 对安全问题的评价定性概念多，定量概念少。即对安全状况的评价多为“安全”或“不安全”。

传统安全管理积累了许多非常宝贵的经验和有效的管理方法，如一直在实行的“三同时”“五同时”“三级安全教育”“四不放过”等。实践证明，这些经验、方法和制度是行之有效的。但是，传统安全管理也存在严重的不足，如由于采取“事后处理”的防范方法，使安全工作总是跟在生产后面跑，“头痛医头，脚痛医脚”，缺乏系统分析、全面解决问题的方法，因此，防患于未然实际上很难做到。再就是传统的安全管理往往凭经验和直观处理生产中的安全问题，不能由表及里地深入分析，因而不容易发现潜在隐患的危险性。此外，由于传统安全管理中定性概念多，定量评价少，因而对生产过程中的事故发生的可能性有多大、有多严重的后果，心中无数，难以提出有效的防范对策。

2. 现代安全管理

现代安全管理是以降低生产劳动过程中的伤亡事故和职业病为目标，通过科学的组织管理方法付诸实施，使目标得以实现。现代安全管理应用现代科学知识和工程技术，研究、分析生产系统和作业中各环节固有的及潜在的不安全因素，进行定性、定量的安全性和可靠性评价，对系统安全作出预测、预报、预防，采取有效对策，控制和消除隐患，达到最佳安全生产的效果。

现代安全管理的基本特点如下：

（1）变传统的事故管理为现代的事件分析与隐患管理，即变事后型管理为预防型管理。现代安全管理运用科学的手段进行危险性预测，分析和预测系统中的不安全因素、可能发生的故障，对机械设备、生产装置进行安全可靠性评价，真正做到预防为主。

（2）变传统的纵向单因素安全管理为现代的综合系统安全管理。

现代安全管理从整体出发，全面地观察、分析、研究问题，制定对策，改变“头痛医头，脚痛医脚”的片面做法，扭转安全工作围着事故转的局面。

（3）变传统的定性分析为现代的定量评价。“定量”就是将安全从一个抽象的概念转化为一些“量”的指标，以便于对事故发生的可能性和事故后果的严重程度进行预测，为选择最优方案提供科学依据。

（4）变传统的静态安全管理为现代的动态安全管理。根据安全生产对策在执行中的反馈情况，及时进行调整，提出新的对策，执行后再反馈。充分利用动态信息流的指导作用，促使安全决策不断完善，管理水平不断提高。

二、安全管理原则

1. 法制原则

所有安全管理的措施、规章、制度必须符合国家的有关法律、法规。在履行这一原则时，常常采用一票否决制，即对重大的违章事故，严格执法，违规必纠，绝不妥协和让步，只有这样，才能实现对安全的严格管理与控制。

2. 预防原则

预防原则是安全管理的重要原则。事故发生的主要原因是人的不安全行为和物的不安全状态，而这些原因又是由小变大，由影响事故的间接原因变成导致事故发生的直接原因，这一演变的过程为安全预防管理提供了可能。通过管理，消除引发事故的因素，杜绝隐患，将事故消灭在萌芽状态。

3. 监督原则

安全管理的重要手段是监督、检查日常的安全工作。实践证明，生产过程中大量发生的是轻微伤害或者无伤害事故，而导致这些事故的原因往往不被重视或习以为常。事实上，轻微伤害和无伤害事故的背后，隐藏着与造成严重事故相同的原因。因此，日常检查显得非常重要，不能流于形式，要细致、警觉，甚至对一些不起眼、尤其是容易忽视的事故隐患“吹毛求疵”。只有这样，才能及时发现和消除小隐患，避免大事故的发生。

4. 教育原则

安全管理不仅仅是安全管理部门的责任，也是一种群策群力的工作，要求每一位员工都应有良好的安全意识、预防意识、危机意识，这样才有利于从根本上消除和降低人的不安全行为和物的不安全状态。因此，必须通过安全知识的教育、安全技能的培训、安全政策的宣传、安全信息的传播等各种手段，充分引起人们对安全问题的重视，明确安全生产操作规程，掌握安全生产方法。

5. 全面原则

安全管理涉及生产活动的方方面面，涉及生产工艺过程的各个环节，涉及全部的生产时间，涉及一切变化着的生产因素。安全生产无小事、无盲区、无死角，因此，必须坚持全员、全过程、全方位、全天候的动态安全管理。

三、安全管理模式

安全管理模式是反映系统化、规范化安全管理的一种体系和方式，它是在长期安全管理经验的基础上，将现代安全管理理论与事故预防工作实践经验相结合的产物。安全管理模式一般应包括安全目标、原则、方法、过程和措施等要素，具有动态、系统的特征，如抓住事故预防工作的关键性问题，强调决策者和管理者在安全工作中的关键作用；提倡系统化、标准化、规范化的管理思想，强调全面、全员、全过程的安全管理；推行目标管理、全面安全管理的对策，不但强调控制人行为的软环境，而且不断改善生产作业条件等硬环境。

从不同的角度归纳和总结安全管理模式，并理解、掌握和运用于实践，对于改进企业的安全管理，提高企业安全生产的保障能力具有良好的作用。

1. 综合安全管理模式

企业综合安全管理模式是在新的经济运行机制下提出来的，其思想是：无论是人身伤亡事故，还是财产损失事故；无论是交通事故，还是火灾事故，都对人类造成危害和损害。这些人们不希望发生的现象，无论从事故根源、过程还是后果，都有共同的特点和规律，企业对其进行防范和控制，也都有共同的对策和手段。因此，把企业的各类专业安全工作，如机械设备安全、特种设备安全、消防安全等，进行综合管理，对于降低企业综合管理成本有着重要的作用。因此，建立“大安全”的综合安全管理模式是当今企业安全管理的发展趋势。

2. 对象化的安全管理模式

（1）“以人为中心”的安全管理模式。该安全管理模式的基本内涵是把管理的核心对象集中于生产作业人员，体现以人为本的管理思想，即安全管理应该建立在研究人的心理、生理素质基础上，把纠正人的不安全行为、控制人的误操作作为安全管理目标。以这种模式为代表的是：“三不伤害”活动（不伤害自己、不伤害他人、不被他人伤害）；“安全人”管理模式；“人基严”模式（人为中心，基本功、基层工作、基层建设严字当头，从严治厂）等。

(2)“以管理为中心”的安全管理模式。这种管理模式基于如下认识：一切事故原因来源于管理缺陷，因此，现代的管理模式既要吸收科学安全管理的精华，也要提炼出本单位安全生产的经验，更要能够运用现代安全管理的理论。以下是实践运用中比较成功的模式：

1)“0123”管理模式。该方法是鞍山钢铁公司1989年提出并采用的，其内涵是：0——重大事故为零的管理目标；1——第一把手作为第一负责人；2——岗位、班组标准化的双标建设；3——开展三不伤害活动。

2)“0457”管理模式。该方法由扬子石化公司首创，其内涵是：围绕一个安全目标——事故为零；以“四全”——全员、全过程、全方位、全天候作为对策；五项管理基础体系——安全生产责任制体系、安全规章制度体系、安全教育培训体系、设备维护整改体系、事故应急抢救体系；七种管理办法——安全检查法、危险预知预控法、现场定置管理法、班组安全活动法、安全奖惩法、标准化建设法、三点控制法。

3)“三化五结合”模式。该方法由抚顺西露天矿首创，其内容是：三化——行为规范化、工作程序化、质量标准化；五结合——传统管理与现代管理相结合、反“三违”与自主保安全相结合、奖惩与思想教育相结合、主观作用与技术装备相结合、监督检查与超前防范相结合。

3. 程序化的安全管理模式

(1) 事后型安全管理模式。事后型安全管理模式是一种被动的管理模式，即在事故或灾难发生后进行亡羊补牢，以免同类事故再发生的一种管理方式。其基本的技术步骤如图2—1所示。

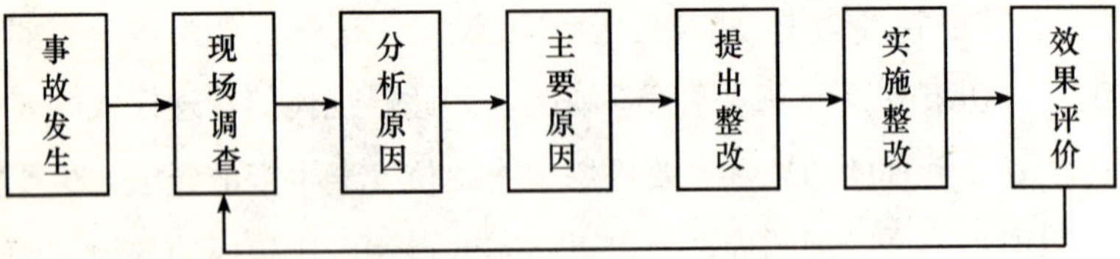

图 2—1　事后型安全管理模式

(2) 预防型安全管理模式。预防型安全管理模式是一种主动、积极的预防事故或灾难发生的对策，是现代安全管理和减灾对策的重要方法和模式。其基本的技术步骤如图 2—2 所示。

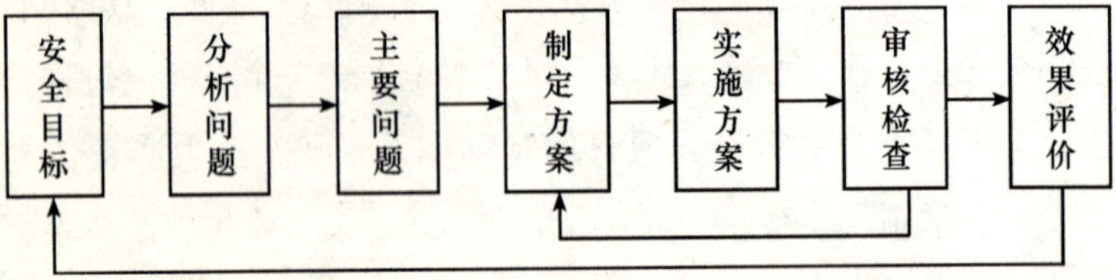

图 2—2　预防型安全管理模式

第二节　安全目标管理

目标管理是一种系统管理方法，是通过让企业管理人员与职工共同参与制定工作目标，并在工作中实行自我控制，努力完成工作目标的管理方法。目标管理的目的，是通过目标的激励作用来调动广大职工的积极性，保证总目标的实现。目标管理的核心是强调工作成果，并以实现目标的成果来评价职工贡献的大小。

现代安全管理应该是一种目标管理。要使安全管理工作不被忽视，就必须将其转化为目标，使安全管理目标成为企业诸多目标的重要组成部分。

一、目标管理的特点

1. 目的性

实现目标管理，将企业在一定时期内的任务转化为全体人员上下一致的、明确的目标，使每个职工有努力的方向，有利于上级的领导、检查和考核。目标应包括任务完成程度、完成期限、目标体系、测定执行人员的成绩等。

2. 分权性

随着企业总目标的逐层分解、展开，也要逐层下放目标管理的自主权，实行分权。即在目标制定后，上级根据目标的内容赋予下级最大限度的权力，使下级能运用这些权力来完成目标。

3. 民主性

目标管理是全员参加的，为实现企业目标的体系性活动，由企业领导者制定目标，经过职代会讨论通过，然后编制企业目标展开图，层层展开，层层落实，围绕目标制定措施，落实责任者和进度要求，从而形成目标连锁。

二、目标设定的原则和依据

1. 目标设定的原则

确定安全目标应突出重点，体现安全工作的关键问题；制定目标时应尽量使其数量化，这样不仅可操作性强，而且有利于对目标的检查、评比、监督和考核。目标与措施要相互对应，用具体措施保证目标的实现。具体来说，应遵循以下几项原则：

（1）根据上一层次安全管理的分目标或子目标及生产岗位的实际情况，制定各层次的具体目标，并与上一层次目标协调一致，保证上一层次目标的实现。

（2）安全管理目标应使整个安全管理工作与每一个职工所承担的具体安全生产责任充分地融为一体，即安全管理目标的建立要与职工的安全生产责任制相结合，以所制定的安全目标来要求和规范职工的安全行为。

（3）目标管理是一种过程，是一种动态管理，通过检查、监督、信息反馈及对目标的调整，以促使总目标和分目标的完成。

（4）安全管理目标要切合实际，要分清主次，突出重点，内容明确，具有可操作性。

2. 目标设定的依据

安全生产目标的设定应依据国家安全生产法律、法规和标准规范；本单位安全生产的中、长期规划；本单位安全生产状况，如伤亡事故的发生情况，职业危害和职业病的发病情况；本单位经济技术条件。

三、安全目标的内容

在制定安全目标时，必须将安全管理、安全教育、安全活动、隐患整改等具体安全工作要求转化成可以量化的数据指标，用定量为主的数据指标代替定性为主的形式内容，并使安全目标反馈出的各种数据真实、清晰、完整、准确。

1. 指标项目

安全目标一般包括以下几个方面的指标：

（1）重大事故次数，包括伤亡事故、重伤事故、重大设备事故、重大火灾事故、急性中毒事故等。

（2）死亡人数指标。

（3）伤害频率或严重伤害频率。

（4）事故造成的经济损失，如工作日损失天数、工伤治疗费、死亡抚恤等。

（5）作业点尘毒达标率。

（6）劳动安全卫生措施计划完成率、隐患整改率、设备完好率等。

（7）全员安全教育率、特种作业人员培训率等。

2. 保证措施

在设定安全目标内容的同时，还必须将保证目标完成的具体措施明确下来。保证措施一般包括以下几个方面：

（1）安全教育措施，包括教育的内容、时间安排、参加人员规模、宣传教育地点等。

（2）安全检查措施，包括检查内容、时间安排、责任人、检查结果的处理等。

（3）危险因素的控制和整改、安全控制点的管理等。

（4）安全评比。

四、实行目标管理的步骤

目标管理大体可分为目标制定、目标实施、成果评价与奖惩、制定新目标。

1. 目标制定

合适的目标能够激发人的动机，调动人的积极性。因此，为了充分发挥目标的激励作用，应提出合理而可行的奋斗目标，使广大职工既认识到目标的价值，又认识到实现目标的可能性，从而激发其决心和信心，为争取目标的实现而共同奋斗。

制定目标要有职工的参与，领导与职工共同讨论，提出切实可行的工作目标。可根据实际情况设置若干个目标，但不宜太多，以免力量过于分散。目标尽可能具体化、数量化，以便于考核和衡量。

按照目标的层次性、可分性原则，企业安全目标确定之后，需由上至下层层展开，分解成各科室、车间、工段、班组和每个职工的分目标。在目标分解时，应使每个分目标与总目标密切配合，直接或间接地有利于总目标的实现。各部门或个人之间的分目标间也应协调平衡，避免相互牵制或脱节。同时，制定分目标时应兼顾目标的先进性和可能性。

目标的实现依靠自下而上的层层保证，即形成个人向班组负责、班组向工段负责、工段向车间负责、车间向企业负责的层次管理。下一级为了保证上一级目标的实现，需要采取有效的手段，找出本单位为实现目标必须解决的关键问题，并有针对性地提出措施，从而确保本单位分目标的实现。

2. 目标实施

安全管理目标分解后，实施目标的单位应该对目标中各重点问题编制实施计划表，表中包括实施该目标时存在的问题和关键、需采取的措施项目、要达到的目标值、完成时间、负责执行的部门和人员，以及项目的重要程度等。各目标实施单位应严格按照计划表上的要求进行工作，保证每个工作岗位都能有条不紊地展开工作，完成预期的各项目标值。

3. 成果评价与奖惩

成果的评价首先由下级自己进行，然后由上级对其进行评价。通过评价，一方面可以使目标实施单位对实施情况进行自我总结和反省；另一方面，评价的结果是实行奖惩的重要依据。进行成果评价时，要避免重“硬”轻“软”，更不能以“硬”指标掩盖或取代“软”指标。要从严从实，严格按照定量要求进行评价，做到不降低标准、不遗漏项目。

4. 制定新目标

当达到既定目标以后，企业应及时总结目标管理的成败经验，并根据安全工作现状和生产经营情况，制定新的目标，开始新一轮的循环，使目标水平逐步提高。

第三节 安全行为管理

一、安全行为的影响因素

人的行为具有计划性、目的性和可塑性，因此每个人的行为是有差异的、复杂的、动态的。要有效地预防、抑制和消除不安全的行为，并鼓励安全行为，仅仅了解和掌握人的行为规律是不够的，还必须对影响安全行为的诸多因素进行分析。影响人安全行为的主要因素有以下几类。

1. 个性心理因素

（1）情绪对人的安全行为的影响。情绪是每个人固有的、受客观事物影响的一种外在表现，这种表现是体验又是反应，是冲动又是行为。当情绪处于兴奋状态时，人的思维、反应比较灵敏；当情绪处于抑制状态时，则人的思维和反应比较迟缓。从安全的角度来看，当不同的情绪出现或当情绪处于不同的状态时，人们的安全行为表现是不同的。

（2）气质对人的安全行为的影响。气质是人的个性的重要组成部分，是一个人所具有的典型的、稳定的心理特征。气质能使个人的行为表现为独特的个人色彩。一个人的气质是先天性的，后天的环境及教育对其改变是微小和缓慢的。气质不同的人，具有不同的安全行为。如多血气质的人，敏捷，情绪变化快，安全意识较强，但有时不稳定；胆汁气质的人，易于激动，暴躁，安全意识比前者差；黏液气质的人，工作中能坚持不懈，但环境变化的适应能力差；抑郁气质的人，工作中能表现出坚持精神，但动作反应慢。

（3）性格对人的安全行为的影响。性格是每个人所具有的最主要、最显著的心理特征，是人在长期生活过程中形成的对现实的稳定态度和习惯化了的行为方式，它表现在人的活动目的上，也表现在达到目的的行为方式上。理智型性格的人，用理智来支配行动；情绪型性格的人，情绪体验深刻，安全行为受情绪影响大；意志型性格的人，有明确的目标，安全责任心强。

2. 社会心理因素

（1）社会知觉对人的安全行为的影响。社会知觉是指人们在一定社会环境中对他人的知觉，社会知觉的最终目的是要通过对别人所形成的正确印象，从而洞察他人。安全问题的预防和解决在很大程度上依赖人们之间知觉的正确性，即依赖良好的人际环境。

（2）价值观对人的安全行为的影响。在现实生活中，每个人的心目中都存在一系列的价值评价标准，并依据这些标准对周围的事物进行评价。所持的价值标准不同，或者价值标准的轻重主次顺序不同，不仅对事物做出的价值判断不同，而且也影响和决定着人们的行为。如不同的人对安全价值的认识不同，其对安全的重视程度以及做出的消除事故隐患或预防事故的努力往往也是不同的。

（3）角色对人的安全行为的影响。在生产经营活动中，每个人都扮演着不同的角色，每个角色都有一套行为规范。人们只有按照自己所扮演的角色的行为规范行事，生产活动才能有条不紊。在安全管理中，需要发挥这种角色规范的作用。

3. 主要的社会因素

（1）社会舆论对人的安全行为的影响。社会舆论是社会上大多数人对共同关心的事情所表达的态度、意见的集合。要使社会和企业人人都重视安全，需要有良好的舆论环境。

（2）风俗与时尚对人的安全行为的影响。风俗是人们在世世代代的生活中形成并保持下来的一种行为趋向。所谓时尚是指人们一时的崇尚，它通常是一种新异刺激物，持续的时间相对较短。风俗与时尚对安全行为的影响既有有利的一面，也有不利的一面。通过安全文化的建设，可以扬长避短。

（3）环境、物的状况对人的安全行为的影响。环境变化会刺激人的心理，影响人的情绪，甚至打乱人的正常行动；物的运行失常或布置不当，会影响人的识别和操作，造成混乱和差错，打乱人的正常活动。也就是会出现这样的模式：环境差→影响人的操作→扰乱人的行动→产生不安全行为；反之，环境好、物的设置恰当或者运行正常，能调节人的心理，激发人的有利情绪。因此，要保障人的安全，必须创造良好的环境，使人、物、环境得以协调。

二、不安全行为分析

1. 不安全行为的概念

不安全行为包括两个含义：一是指易于肇发事故的行为，二是指在事故过程中扩大事故损失的行为。可以从不同角度对不安全行为加以理解。首先，安全行为是个相对概念，是指肇发事故概率很低和使事故损失很少的行为特征；反之，则为不安全行为。其次，从行为与环境的关系方面分析，同样一种行为（如酒后），在一种环境中（如休息）就是安全行为，在另一种环境中（如开车）就是不安全行为。这样，按行为与环境的关系，可以将不安全行为定义为：在某个特定的时空环境中，行为者能力低于系统对行为者能力要求时的行为特征，表现为行为的功能没有满足系统对行为者的要求。从这个角度看，安全行为与不安全行为则是相对于行为环境对行为者要求而言的一个相对的概念。

从发展的角度看，安全行为是人们在大量生产实践中，从事故发生和损失扩大的教训中不断总结出来的行为规律，并用这种认识制定安全操作规程和劳动安全纪律。随着生产技术的不断提高，对事故规律的不断研究，将不断完善这种认识，并不断完善安全操作规程和劳动安全纪律。

2. 不安全行为的类型

不安全行为按其产生的根源可以分为有意识不安全行为（简称有意不安全行为）和无意识不安全行为（简称无意不安全行为）两大类。

（1）有意识不安全行为。意识是人心理活动的最高形式，人的行为的自觉性、目的性，以及评价、调节和自我控制能力等都具有意识的基本特征。有意识不安全行为是指行为者为追求行为后果的价值，在对行为的性质及行为风险具有一定认识的思想基础上，表现出来的不安全行为，也就是说有意识不安全行为是在有意识的冒险动机支配之下产生的行为。

生产作业中人的行为动机是由三个因素构成的。一是行为者对行为后果价值的追求强度。二是行为者对自己行为能力的估计。两者综合比较的结果称为行为风险估量。三是个人及群体影响因素，包括个人的安全文化素质及企业安全文化氛围，这两个方面对行为动机的作用力称为安全文化强度，它的强弱将有力地影响人的不安全行为动机。

因此，可以看出，有意识不安全行为动机是两个方面原因共同作用的产物：一是对行为后果价值过分追求的动力和对自己行为能力的盲目自信，造成行为风险估计的错误；二是由于个人安全文化素质较低（即行为者缺乏安全行为的自觉性），再加之企业没有建设起较强的安全文化氛围（即企业群体缺乏对不安全行为的约束力），使行为者的不安全行为动机不能得到有力的校正。

（2）无意识不安全行为。无意识不安全行为是指行为者在行为时不知道行为的危险性；或者没有掌握该项作业的安全技术，不能正确地进行安全操作；或者行为者由于外界的干扰而采用错误的违章违纪作业；或者由于行为者出现生理及心理的偶然波动，破坏了其正常行为的能力而出现危险性操作等。显然，无意识不安全行为属于人的失误，按产生失误的根源可以将其分为两种：一种是随机失误，另一种是系统失误。

随机失误是指行为者具有安全行为能力，也知道不安全行为的危害，但是由于外界的干扰（如违章指挥等），或行为者自身出现的生理心理状况恶化（例如疾病、疲劳、情绪波动等），发生的不安全行为。在出现生理及心理状况恶化的状态下作业，多数是行为者个人没有能力控制自己，又没有恰当地安排好自己的工作，这显然是行为者个人的责任。如果生产管理者已经掌握了行为者的状态而未给予适当的调节，甚至坚持进行较危险的操作，则其失误的原因就应属于管理失职，也可以归为违章指挥的范围。

系统失误有两种：第一种是人机界面设计不当，不能与人的生理心理条件匹配，使人在操作中容易疲劳，从而创造了产生失误的作业条件，属于人机系统设计问题。第二种是行为者不具备从事该项作业的安全行为能力，或者不知道该项作业的安全操作规程，或者只知道些安全作业条文，而不具备安全操作技术，因此在作业中，凭借自己想象的方法蛮干。也就是说作业者本身就具有必然失误的条件。造成这种情况的主要原因是管理者用人不当，或者没有对行为者进行认真的培养和安全能力考核，显然出现这种情况是违章指挥的结果。

三、消除或减少人的不安全行为

1. 人机环境系统本质安全化建设

人机环境系统本质安全化，即实现生产系统中人、机、环境三者最佳的安全匹配，其中，人员本质安全化建设是人机环境系统本质安全化中的关键子系统建设。

（1）人员本质安全化建设。人员本质安全化定义为：使人员的安全生理、安全心理、安全技术及安全文化四个方面的素质与生产系统的安全要求相匹配。人员本质安全化建设的目的就是培养人员这四个方面的素质。

不同的生产作业系统，不同的工种，其安全操作技术不同，对人员安全素质的要求也就不同，即对人员素质选择的内容及要求的指标不同，培养训练的内容及方法也不相同。以生理心理素质为例，电焊工只要求具备较好的眼与手配合能力，而汽车司机还要具备眼与脚的配合能力。虽然电焊工与司机都需进行手的盲目定位训练，但司机还需进行脚的盲目定位训练。

安全文化是决定人员安全品质的关键素质。安全文化是指体现在员工身上的安全价值观念和安全行为模式，例如：生产活动过程中安全第一观念的强度（即认同程度），是否能构成自觉遵章守纪的意识；是否能在生产活动中具有安全行为的自觉规范能力；是否能在生产活动中自觉地用“三不伤害”原则来约束自己的行为等。

以上四项素质中，生理心理素质是最不稳定的素质，极易受到外界因素的干扰引发随机失误；安全技术素质是通过一定时间的培养训练形成的较为稳定的素质，一般不会有明显的波动，除非生理上、心理上发生很大的变化导致肢体障碍，或者生产指挥者强行干预；安全文化素质是在教育、培养、训练、经验中形成的最稳定的素质，几乎不会因暂时的干扰发生变化，它也是最具有整合能力的素质，其他三项素质就是通过安全文化整合成为人的安全素质系统。实践证明，生理、心理及技术素质很好的工人并不一定遵章守纪，相反，越是这三个条件好的人越敢冒险违章，这是有意识不安全行为者的特点之一。只有具备较高的安全文化素质，建立起正确的安全价值观和安全行为动机的人才能正确地发挥其生理、心理及技术上的优势，成为安全、高效的作业者；对于安全技术水平不高的人，也能自觉地学习安全操作技术，主动完善自己的安全素质。

(2) 机具本质安全化建设。从控制人的不安全行为这一角度分析，机具本质安全化建设的主要内容之一就是合理设计人机界面，避免引起人员不安全行为的结构。

机具人机界面的宜人程度直接影响人的操作方法和操作准确性，如果机具的人机界面结构不当，不仅不便于工人操作，甚至很容易造成失误。例如，有的控制台设计成一排十几个形状、颜色完全相同的按键，使用时操作者的视觉定位及触觉定位十分困难，特别是在紧急情况下极易发生误操作。再如，如果信息变化过快或要求连续操作的频率过快，会使工人处于高度紧张状态，很快就会产生疲劳，使得工人丢失信息，或是跳过某些作业环节出现随机失误。

(3) 作业环境本质安全化建设。作业环境指的是技术性生产环境，包括物理、化学、生物、空间、时间五种环境。作业环境对人的安全操作能力有着直接的影响，如过强的噪声会使人产生躲避心理，导致简化作业而违章；有害气体会使人由于中毒而出现动作失调；生物性污染将对人造成某种感染而失去原有的体力；过分狭窄的场所使人难以按照安全规程正常地作业；过于紧迫的时间会使人因来不及按部就班地操作而违章等。显然，不适当的生产环境本身就是促成人的不安全行为的重要原因。

2. 违章违纪现场管理

在生产现场，作业行为是否安全是以安全操作规程和劳动安全纪律为标准的，因此不安全行为主要表现为作业者违反安全操作规程、违反劳动安全纪律及生产管理者违章（包括违反安全生产纪律）指挥。违章指挥的结果又必然造成作业者失误，因此违章违纪是构成不安全行为的主要内容。

每次违章违纪并不是一定会发生事故，可是这会给人造成一种错觉，好像事故是偶然的，违章违纪并没有什么危险。其实不然，统计表明，绝大多数事故都直接或间接与违章违纪相关，这就是违章违纪与事故的必然性及规律性联系。

对违章违纪的现场管理，可以从以下三个方面考虑：

（1）严格控制管理者的违章指挥。生产管理者违章指挥是构成员工随机失误的主要原因之一，并且具有鼓励有意识不安全行为（违章作业）的效应。

（2）严格执行奖惩制度。奖惩机制能有效地推动人们主动提高对安全价值观和行为规范的认同感。违章违纪的奖惩主要体现为对险兆事件执行“四不放过”制度；对于制止违章违纪避免险兆扩大的行为给以重奖；对于频发险兆事件的人给以重罚，做到防微杜渐、治小防大。

（3）建设企业安全文化。企业安全文化建设包括职工安全文化素质建设及企业安全文化氛围建设两个方面，职工安全文化素质是建设企业安全文化氛围的基础，企业安全文化氛围又是推动职工安全文化素质建设的动力。企业安全文化氛围不等于职工安全文化素质的总合，而是企业安全管理的文化系统，这一系统比每个职工安全文化素质具有更高的要求和更深刻的内涵，它体现为企业决策层的意志、管理层的职能和员工层的品格；体现为企业的整体素质、各车间的精神面貌和各班组的群体安全动力。

四、遵章守纪管理

遵章守纪是一种自我约束能力的体现，一个人的自我约束能力产生于对某种行为的价值观念，即行为动机。遵章守纪是一种品质，这种品质的形成既有技术方面的作用，又有法制方面的作用；既有文化方面的作用，又有管理方面的作用；既需要个人努力，又需要群体帮助；既需要干部对工人进行指导，又需要工人对干部进行监督。可见，贯彻遵章守纪不是一个简单的方法问题，而是一项涉及面很大的系统工程。这项系统工程主要由两个部分构成：一是建立一系列的管理制度；二是实施一系列的管理。

1. 建立规章制度

安全规章和纪律是前人用血的教训换来的，因此，必须使职工清醒地认识到，违章违纪就是走向引发事故造成伤亡的危险道路，难免不测。不论是作业者违章违纪，还是管理者违章指挥，都是对风险估计错误而形成的错误行为。因此，约束职工遵章守纪的关键是对遵章守纪的正确认识，只有科学的认识，才会有科学的态度，才能克服侥幸心理，才能自觉地约束自己遵章守纪。

遵章守纪的管理制度可大致归纳为以下六个方面：

（1）建立严格的安全作业规章及劳动纪律，包括生产指挥人员的遵章守纪管理制度和作业人员的遵章守纪管理制度。

（2）对新上岗的职工和干部要进行严格的训练和考试，不达到要求不能上岗；在岗职工和干部出现违章违纪时必须下岗重新训练，考核合格后才能再上岗。

（3）完善遵章守纪的教育培训制度。具体包括：安全规章、纪律的教育及实地训练，遵章守纪意识能力的教育及在生产中实时培养。

（4）建立事故风险共同承担机制，既实行风险抵押，又实行严格的奖惩，把“遵章守纪”的安全生产原则强化成工人和干部的行为准则。

（5）建立企业安全文化，构筑起安全第一的价值观念和行为准则，使每名职工和干部都能自觉地用安全第一的生产思想、安全第一的技术能力、安全第一的指挥原则、安全第一的协作精神规范自己的行为。

(6) 建立对作业现场违章违纪进行检查、评比、公布制度，形成强有力的群众监督机制。

2. 遵章守纪个人管理

遵章守纪首先是靠每名职工自觉地去做，而不能只靠他人监管，因为安全管理人员不可能每时每刻都在每一个生产现场，班组长也不可能每时每刻都能照顾到每一名工人。管理是一种约束，约束的根本目的就是提高每一个人遵章守纪的自觉性。因此，一个企业安全管理的效果，可以用这个企业干部和工人遵章守纪的自觉程度来衡量。个人对遵章守纪的自查自管能力就是这种自觉性的典型表征。

个人自查自管的主要方法是用遵章守纪检查表，根据每个人的作业特点及每个人习惯性违章违纪的特点，自己制定遵章守纪检查表。检查表中每一项都应具有序号、项目、检查结果、改进办法等栏目。

一般应每天自查，每周作一次改进结果的总结，在小组会议上报告。还可以动员家属参与职工遵章守纪自查自管，将本岗位可能发生违章违纪的条款印发给家属，或者放映违章肇事的录像让家属收看，动员家庭成员经常提醒职工检查自己的行为，并对违章违纪行为给予帮助。这种做法既可以提高职工自查的觉悟，又可以加快改进的速度。

3. 遵章守纪班组管理

现代工业生产及管理本身就是一种集体配合作业的过程，每一个工作者都是集体中的一员，作业的内容又是与大生产系统紧密相关的，是大系统中的一部分。每一个人的成败，每一道工序的成败，都将关系到整个生产能否安全有序的运行。在这样一个生产系统中，如果有一个人不遵章守纪，都将干扰集体的作业安全，其行为暴露在集体面前，自然会引起集体的反对和劝阻。这种反对和劝阻既是一种控制力，又是一种形成自觉性的推动力。为了充分发挥这种自发的集体监控力量，在生产中可以有组织地建立起明确的互控机制，以提高这种互控效果。

（1）班组管理的通用方法

1）班组成员轮流安全值周。班组成员轮流值周是一种民主管理，调动集体成员责任感的方法，也是一种培育班组成员安全意识，实现班组安全文化建设的有效方法。

班组成员轮流值周，就是班组的所有成员依次分别轮流担任一周的班组安全员，每天班前会由班组值周安全员主持，进行几分钟的班组成员遵章守纪讲评，开展自查互查相结合的群查活动。在生产过程中发现班组成员有违章违纪行为时，班组安全员应立刻提出纠正意见，情况严重的，造成事故险兆的，应按照“四不放过”的原则组织集体讨论，提高认识，找出原因，提出措施，吸取教训，防微杜渐。

2）班组长担任班组安全的第一责任人。班组长既是班组生产的安全管理员，又是班组安全作业的监督员。班组长了解每一个班组成员的工作岗位、工作内容、进度及危险性，作为第一责任人要做到：使班组中每个成员都了解本班组工作的性质及危险因素、本班组作业现场存在的有害因素；使每个成员掌握事故防范措施及救援技术。与此同时，建立起班组中每个成员与班组长遵章守纪联保制度，班组长违章违纪全组联罚，班组中有一人违章违纪班组长联罚。

（2）班组管理的常用方法

1）呼唤应答。规定在两人以上配合作业中，每一次对信息的确认，每一项重要操作的开始，每一个重要情况的处理，事先都要由主担任者叙述，或者敲出规定的音节，也可以配合规定的手势或灯光信号，然后由合作者复述，两人（或多人）同时确认之后才能执行。如果其中有一人失误，将会被他人纠正。这种方法在多人操作的控制室，在多人配合的检修作业中，都收到了很好的效果。

2）互保对子。将从事相关作业的人建立互保安全的“对子”，一般是两人互保，也可多人互保，一人违章违纪将由互保者共同承担责任。因此互保者既是对方遵章守纪的监护人，也是对方遵章守纪的保证人。

3）建立群查记录卡片库。每张卡片都写有一条安全规章或安全作业纪律的内容，并印有供记录违反该项内容的登记表格。班组每日群查时，对号记入每次违章违纪的事例，并按卡片组织班组成员学习该项条款；无违章违纪事件时，可请几名班组成员每人抽取一张卡片，然后讲出该项条款的内容，让大家一起讨论，或对该卡片上记录的曾经发生的事故案例进行分析，引以为戒。

4）悬挂遵章守纪图表。将本班组遵章守纪的主要内容或违章违纪的主要表现拍成照片，或画成漫画，并附简要的说明，连图片一起裱装，挂在班组的墙上，作为班组群查时讨论的依据，既可以具体分析违章违纪的发生过程及发生的状况，也可以作为班组学习的教材。

4. 遵章守纪车间管理

车间是企业生产中具有独立生产功能的系统，也是企业安全管理中具有独立功能的系统，职工及管理者遵章守纪是车间安全功能的重要保障。因此，在车间管理工作中，对职工及管理者遵章守纪管理是车间管理工作中的一项重要内容。

遵章守纪车间管理，一是要建立正规的制度，二是要建立科学的方法。遵章守纪管理制度及方法主要包括以下三个方面的内容。

（1）违章违纪信息收集。车间中对违章违纪信息的收集有以下两种方法：

1）连续收集法。由专兼职安全管理人员每日随时不间断地收集和记录职工及管理者的违章违纪事件，其要点是：设置一定数量的遵章守纪巡检员，可以由车间管理人员轮流担任的车间值周安全员与班组值周安全员共同组成；规定每名巡检员每日对本车间及所有进入本车间的职工及管理者进行巡检的次数及每次巡检的人数；每名巡检人员均应及时填写被巡检者中遵章守纪情况记录卡片；车间安全员对巡检员交来的全部记录卡片进行统计整理。

2）抽样收集法。其做法是：规定每日抽样收集信息的次数，每次抽查时按随机数表在全车间对职工及管理者进行抽样，列出被查者的名单；按随机数表确定每名被查者在一个抽查周期内的抽查日期；按工种的工作特点确定对每名被查者抽查的时间段及抽查内容；按时按事对被查者作违章违纪的记录；对记录的材料进行统计整理。

（2）违章违纪信息分析。违章违纪信息分析处理的目的是找出本车间违章违纪的发生规律及原因，为制定控制措施提供科学的依据。收集的违章违纪信息是动态的，每日都有变化；对信息的分析判断也必须是动态的、及时的。因此，这种分析应是各级生产及安全管理人员日常工作的一部分。对违章违纪信息的分析有以下两个层次：

1）宏观态势分析。车间违章违纪宏观分析包括：分析违章违纪发生的特点及分布规律，例如，职工及管理者违章违纪的百分比以及各自的作业时间分布、工种分布、年龄及工龄分布，绘制连续几个月的各种分布变化规律曲线图表，分析违章违纪的原因。再如，设备问题、作业环境问题、人员生理心理素质问题、安全技术问题、安全意识问题、人际关系问题、定额计算问题、计件问题、质量控制问题、奖惩方法问题、家庭及社会生活问题等，进而分析各种人员的各种原因分布状况及变化趋势，概括出本车间关于违章违纪的各种规律性资料，为制定提高车间遵章守纪的措施及计划提供科学的依据，也为全车间的职工及管理者了解本车间遵章守纪的状况，认识违章违纪的特点提供一面科学的镜子。

2）微观结构分析。违章违纪微观结构分析的目的是详细地分辨每个班组甚至每一个工种（特别是违章违纪频率较高和造成事故险兆的班组及工种）发生违章违纪的原因结构。违章违纪的原因很多，但是对于每个班组及每个工种必然有各自的特点，必须分析出造成该班组及工种违章违纪的主要原因结构，为有针对性地制定防范措施提供依据。因此，对信息的分析不能写些泛泛的、笼统的、模糊的结论，一定要具体到可以落实改进措施的程度才算完成分析。

（3）违章违纪控制措施。对违章违纪的控制措施包括两个方面：一是制定具体的改进措施方案；二是制定违章违纪行为适时控制制度。

1）制定改进方案。改进方案的内容主要是消除可能产生违章违纪的客观原因，主要包括：①人机界面设计不合理，不符合操作安全、生产高效、使用方便、环境宜人的原则，这是引发违章操作的一个重要原因。常见的问题有：人机界面设置的操作顺序不符合实际需要，使操作者难以按规程操作，作业时常发生误操作；工具使用不方便，过于笨重、不适合手形，严重降低生产效率，甚至工具本身常造成事故险情；人机界面过于复杂，使操作者负担过重，很快产生疲劳，或者人机关系过于简单，很快感到单调等。②作业环境不适，如物理或化学环境使人难以忍受，操作者急于完成操作，想尽快避开这种环境；物理或化学环境超过人的承受能力，而操作者又长时间身处这种环境之中，造成生理及心理承受能力严重下降；作业空间过于窄小，难以按规程作业，或者作业时间过于紧迫，难以按正常程序作业等。③生产管理指挥不善，这是产生违章的重要原因，如生产组织不当，产生人际纠葛、配合不顺、信息不通等；生产管理不当，计件或定额不合理、奖惩不合理、质量失控等；违章指挥，管理者素质与系统要求不匹配，强令职工冒险作业、无证上岗等。

2）制定控制制度。经过对违章违纪信息的分析，提出改进措施计划之后，还必须落实对人员控制的具体方法。不论是职工还是管理者，都必须对违章违纪行为加以纠正，必须在生产作业及作业指挥过程中，建立纠正违章违纪的实时控制制度。实时控制制度包括以下几项基本内容：严重违章违纪实时纠正登记制度；每月出现一次以上的轻伤及险肇事件频发者的违章违纪重点监控管理记录制度；互保对子失去相互帮助作用，反而相互隐瞒从事违章违纪行为，或携手从事违章违纪行为的制裁制度；建立职工与管理者制止违章违纪的奖励制度；建立工人及干部违章违纪的处罚制度。

生产本身是一个人机环境系统动态运行的过程，其中，人是实现安全生产的关键因素。因此，实现安全作业规章及实现劳动安全纪律是安全管理中的一项关键性工程。

控制人的行为首先是控制人的行为动机，人的行为动机受一系列主客观因素复杂作用的影响，因此，要控制人的安全行为动机，就需要对影响遵章守纪的一系列主客观因素进行动态的、系统的控制，这是一项复杂的系统工程。

第四节　安全文化建设

一、安全文化建设的意义和内容

在说到企业安全生产的时候，有这样一个问题无法回避：安全规程为什么不能被严格执行。谁都知道生命是最宝贵的，可是在生产作业中，不少人对爱惜生命缺乏自觉性，这似乎是个怪圈。在科技迅猛发展的今天，仅靠传统的安全管理方法，很难形成人人关心安全的良好环境。因此，应当大力开展安全文化活动，提高全体职工的安全素质，通过以人为本的安全管理，建立可靠的安全体系，这样才能全面提升企业安全生产管理水平，切实保障职工在劳动生产过程中的安全与健康。

1. 安全文化建设的意义

所谓安全文化，是企业在安全生产实践中，经过长期积淀，不断总结、提炼形成的为全体职工所认同的安全价值观和行为准则，是尊重人的生命权利、实现人的价值的文化，是以人为本的根本体现。它能使企业领导和职工都纳入集体安全情绪的环境氛围中，产生有约束力的安全控制机制，使企业成为有共同价值观的、有共同追求的、有凝聚力的集体。如果把安全比做企业发展的生命线，那么安全文化就是生命线中的血液，是实现安全的灵魂。

(1) 安全文化建设是以人为本的“折射镜”。在安全管理中，人是第一要素，在安全生产中起着决定性作用。从各类安全事故中可以看出，安全意识淡薄、“习惯性违章”的人为因素占事故发生原因的绝大部分。因此，杜绝人的不规范行为是安全管理的重要环节。安全文化建设就是通过各种载体、手段和有效形式，让先进的管理理念、安全技能潜移默化地影响到每一个职工，使安全思维和安全意识深入到职工的内心，从而促使职工队伍素质整体提高，实现人人参与安全管理，人人都是安全员，从根本上消除安全隐患，纠正习惯性违章，确保安全操作规程的落实。

（2）安全文化建设是推进企业安全管理工作的“催化剂”。安全文化建设的程度，直接反映企业安全生产管理的水平，而扎实有效地搞好安全文化建设，对企业安全生产局势的稳定有着不可或缺、举足轻重的作用。与此同时，安全文化建设有利于安全管理工作的有效实施。安全文化建设增强了职工的安全意识，企业的上上下下、方方面面，都从安全的角度出发，审视周围的安全环境，主观上要求得到安全保障，也就容易发现和提出安全管理方面存在的不足和问题，从而全面推进企业安全管理工作的不断创新和改进。

2. 安全文化建设与安全管理的关系

（1）安全文化建设是安全管理的重要组成部分。安全管理是一项复杂的系统工程，是需要职工全员参与的动态管理过程。建设企业安全文化，营造“关注生命、关注安全”的舆论氛围，对推动安全管理将产生不可估量的积极作用。另外，安全文化对职工产生影响的过程是一个潜移默化的过程，应利用安全思想意识指导行为，达到安全操作的目的。

（2）安全文化是安全管理的基础。现代安全管理的任务是为了人，即管理的目的是以人为本。其主要手段是对人的不安全行为进行控制，在人—机—环境系统中，人的行为及其作用取决于反映该系统各部分状态的诸种因素。从安全文化来讲，与“机—环境”有关的安全物质文化，主要表现为企业的安全条件，即“硬件”建设；而与“人”有关的安全精神文明和安全行为文化，主要表现为人的安全技能和约束机制，即“软件”建设。因此，控制人的不安全行为必须从这两方面着手。

3. 安全文化建设的内容

安全文化是安全价值观、信念、道德、理想、风气、行为准则的复合体，是安全观念和安全行为准则的总和，它是社会文化的一个组成部分。企业安全文化是指企业职工在预防事故、抵御灾害、创造安全文明工作环境的实践过程中所形成的物质和精神财富的总和。而班组安全文化是指班组在企业安全文化的基础上，在市场经济的新形势下，对“安全”这个关系到企业声誉及自身安危的具体问题，通过班组成员的各种认识实践、活动实践和自我完善实践，逐步形成的一种潜在的文化。

安全文化包括安全观念文化和安全行为文化。安全观念文化是对安全活动、安全行为、安全环境、安全事物、安全标准、安全原则、安全实现条件等的基本态度和观点的总和。人们在生产过程中，所具有的特定的安全观念，导致不同的安全认知和态度，从而影响着对安全的规划、决策、管理和指挥。安全行为文化是指企业职工受意识、观念、态度等认识影响，在生产中表现出来的安全行为方式和形式，具体表现为安全思维、安全学习、安全指挥、遵守规章、应急行动、安全操作、安全组织性和纪律性等安全活动。

安全文化建设的具体内容如下：

（1）安全生产方针政策、安全法律法规、安全规程制度。

（2）安全意识、安全道德。

（3）安全教育。

（4）现代安全管理。

（5）安全措施、安全减灾。

（6）安全效益。

（7）安全环境。

4. 安全文化建设应具备的素质

（1）安全员应具备的安全文化素质

1）具有强烈的安全意识

①人本意识。重视人的价值，尊重人的生命，以职工的生命和健康为重，把“安全第一，预防为主”作为企业生产经营活动的首要价值取向，防止重生产、轻安全、重效益、轻投入的思想。

②法制意识。掌握安全生产方针政策，遵守法律法规，不断学习企业有关的安全制度、措施，并结合企业实际认真贯彻和落实。

③创新意识。不断掌握安全工程新技术，密切关注企业安全管理的成功经验和新方法、新思路，积极推行先进的安全管理经验。

2）刻苦钻研业务，具备管理能力，积极推广和应用现代管理方法，推进班组安全管理制度化、规范化、科学化。

3）不断完善班组各项安全生产制度，并督促落实。对安全工作认真负责，不做表面文章。

4）不断探索安全教育的模式和有效途径，提高安全教育培训的质量和效果。

（2）操作者的安全文化素质

1）有较高的安全需求，珍惜生命，爱护健康，做到不伤害自己、不伤害他人，不被他人伤害。

2）有较强的安全意识，有“安全为自己”的观念，上标准岗，干标准活，按程序、措施操作，不违章操作，不冒险蛮干；能够拒绝违章指挥，制止违章操作，做到隐患不排除不生产，措施不落实不生产，不安全不生产。

3）有较多的安全知识，能够掌握与自己工作相关的安全技术知识和安全操作规程。

4）有较强的安全技能，熟练本岗位的安全操作技能，熟知岗位存在的危险因素和识别办法。

5）有较强的纪律性，能够遵守有关安全生产的规章制度和劳动纪律，并能长期坚持。

6）有良好的应急能力，遇到异常情况，果断采取措施，把事故消灭在萌芽状态，杜绝事故扩大。

二、安全文化建设的方法和手段

1. 安全文化建设存在的误区

安全文化能以寓教于乐的形式和手段增强职工的安全意识，规范职工的安全行为，提高职工的安全素质，是促进企业和班组安全生产的重要途径。但目前在企业安全文化建设中还存在种种错误思想和做法，特别在车间、班组中，这种误区十分严重。

（1）思想认识上的误区

1）认为车间、班组只要按照上级的要求，抓好日常安全管理工作就行了，抓安全文化建设是多此一举，没有多大必要。这种认识是没有看到安全文化建设对车间、班组日常安全管理工作的指导作用。因为通过班组安全文化建设，可以营造安全氛围，增强职工的安全观念，把安全作为生活与生产的第一需要，自觉地保护自己和他人；可以牢固掌握应知应会的安全知识，学会安全技能；可以创新班组日常安全管理工作。由此可见，加强安全文化建设与抓好车间、班组日常安全管理工作是一致的。

2）认为抓安全文化建设是上级领导和机关的事，与车间、班组关系不大。这也是一种错误的认识。显然，在企业安全文化建设中，上级领导和机关负有重大的责任，但这不等于说班组负有的责任可以放弃或减轻了。因为企业安全文化建设的基本要求，归根到底要落实到车间、班组，落实到每个职工，只有班组的安全文化建设加强了，整个企业的安全文化建设才会有牢固的基础。更何况安全文化建设具有层次性的要求，只有破除"上下一般粗"的做法，形成各自的特色，才能保持企业安全文化的生机与活力。

3）认为安全文化建设只是抓虚的，不是抓实的，是物质条件不足以精神来补。这也是错误的。安全文化即人类安全活动所创造的安全生产和安全生活的观念、行为、物态的总和，它包括安全精神文化和安全物质文化。车间、班组必须坚持两手抓，两手都要硬。一手要抓安全精神文化建设，向职工灌输安全理论，增强其安全观念，组织职工学习安全技术知识和安全规章制度，提高职工的自我防护能力，规范职工的安全行为；另一手要抓安全物质文化建设，配齐劳动防护用品、安全工器具，完善各种安全设施，改善作业环境。可见，加强安全文化建设，不仅要务虚，而且要务实，应使安全精神文化与安全物质文化共同进步，协调发展。

4）认为安全文化建设这个题目太大，应达到什么标准不好把握。实际上加强安全文化建设的标准与日常安全管理工作的标准是一致的。比如，在安全目标上，应实现控制未遂和异常，实现事故零发生目标；在安全教育上，应实现教育内容、时间、人员和效果的四落实；在安全防护上，应做到劳动防护用品、用具齐全；在作业环境上，应实现隐患和危险处于受控状态。同时，要坚持改革和创新，不断总结经验，努力探索加强安全文化建设的新做法。

（2）实际工作中的误区

1）只注重宣传，不注重内涵。认为安全文化建设就是安全宣传教育活动，或职工在安全生产方面的豪言壮语和文体活动，而不从物质层面、制度层面、精神层面三个方面进行安全理念、安全价值观的培育。抓不住安全文化建设的内涵，就不会取得好的效果。必须按照安全文化的本质要求，结合企业实际，并借鉴国内外安全文化建设的成功经验，从被动的、经验的安全管理转向主动的、系统的、科学的安全管理。

2）只注重硬件投入，不注重具体活动的开展。安全文化建设需要硬件投入，但仅有硬件投入绝对是搞不好安全文化建设的，必须把着力点放在规范职工安全生产行为上，通过各种安全教育培训、安全质量标准化、现代安全管理方法的推广和运用，把法规要求、技术规范、操作规程、纪律约束、岗位责任等融合于岗位生产活动中，塑造作风硬、技术精、爱岗敬业、遵章守纪、操作规范的职工队伍。必须坚持以人为本，通过人性化教育，使广大干部高度重视人的生命权和健康权，培育职工自觉、自律的安全职业道德和作风，杜绝人为事故的发生。

3）只注重形式，不注重实效。安全文化建设是形式与实效的统一，形式仅仅是条件和手段，实效是最终目的。要突出重点，把握关键，在完善和落实安全生产规章制度上下工夫，在安全理念、安全价值观的培育上下工夫，在规范职工安全生产行为上下工夫，使各项安全生产管理制度达到固化于制，安全理念、安全价值观达到内化于心，安全生产基本设施、安全生产基本条件达到外化于形。通过安全文化建设，提高职工的安全意识，规范职工的安全行为，及时消除安全隐患，提高设备设施的安全性能，杜绝事故的发生。同时，用安全效果、安全质量标准化成果来检验安全文化建设所取得的成效，看职工的安全意识有没有明显增强，“三违”现象有没有得到有效的控制，各项制度措施有没有得到很好的落实。

2. 安全文化建设的思路和影响因素

（1）基本思路。安全管理面临的是一个复杂的系统，只有对这个系统有比较清楚的了解，对系统中每个过程有准确的识别，明确彼此之间的联系，才能比较确切地掌握这个系统运转的规律，以便采取有效措施，使系统运行达到最佳状态，安全才有保障。从广义和普遍意义上来讲，安全管理面临的是一个人、机、环境的复杂系统，是对人、机、环境的综合协调和运用；从系统过程来讲，行业不同系统过程有着较大的差异。把这种人、机、环境的协调和运用，结合行业的特点，应用系统思维的方法，总结生产实践中形成的精神的和物质的财富，经过提炼、加工并创建成为安全文化，把安全管理上升为安全文化，在职工中进行广泛的宣传和教育，并在实践中不断地总结、完善和提升，如此长久持续下去，变被动管理为主动管理，变事后管理为事前管理，变传统管理为科学管理，变随机管理为规范管理，就会产生长久的安全效应。

对人而言，就是要采取最有效的方法，提高人的安全意识，牢固树立安全第一的思想，树立安全、健康、环保的安全工作理念，学习规范标准，规范行为，遵章守纪，树立良好的职业道德，熟练掌握业务技能。对机而言，就是要不断提高设施、设备的安全性能，提高工作环境的适宜性和舒适性，使得人机达到一种最完美的结合，最大限度地实现人机之间的相互需求，同时要处理好安全和效益的关系。对环境而言，就是要创造宽松的安全管理的人际关系，最大限度地发挥人的主观能动性，营造安全文化氛围，使安全工作不再是单纯、枯燥的简单劳动，同时要创造一个健康环保的工作环境，实现人、机、环境三者的完美结合。

安全文化在某种程度上讲，是系统、规范、科学的安全管理，只要安全文化在班组创建起来，有效应用并持续下去，就一定会产生长久的安全效应。

（2）把握影响安全文化建设的因素。安全文化建设是一个契机，是一切生产、生活的基础。如果把班组比成人，安全文化建设是就是人的血液与灵魂。因此要搞好安全文化建设，就必须抓住这个“灵魂”，充分考虑影响安全文化建设的因素，并把握住这些因素。

1）组织保证。企业领导要高度重视，为安全文化建设创造条件；车间领导要大力支持，为安全文化建设出谋划策；安全部门要具体指导，为安全文化建设提供帮助。要从组织上为安全文化建设的顺利进行提供可靠保证。

安全员的职责是组织率领班组成员，以提高和改进生产过程中的安全可靠性，团结全班组人员，共同建设班组安全文化。以班组长、安全员、技术员为核心的班组安全组织，在安全生产中担任着重要角色，起着表率、监督、检查、指导的作用。这种既分工又合作的班组安全管理结构为安全文化建设奠定了基础。

2）素材源泉。营造良好的学习氛围，是搞好安全文化建设的重要环节。班组不仅是完成任务的实体，也是孕育企业文化的细胞。班组成员在实际操作中的成功经验、失败教训、亲身感悟、点滴体会是形成安全文化的素材与源泉。安全员要注意把职工抒发的安全文化豪情、事故分析得出的原因、挖掘意识收到的成果、总结利弊得到的启示和经验，通过归纳提炼为安全文化理念的结晶。

3）个性特征。安全文化建设具有广泛的群众性、普遍的实践性、科学的指导性，朴素实在，可塑性大，前瞻性强，带有良好的希望和祝愿，具有较高的法律基础和技术水准，能体现职工的文化、技术水平和安全意识，反映职工的工作性质、个性特征。

4）意识理念。安全文化建设是通过动员职工人人讲安全、个个想安全、说身边的人、写身边的事，开展安全评估、危险点排查、事故原因分析、生命价值讨论等活动，让职工认清“安全源于警惕，事故出于麻痹”，认识到发生事故对己、对人、对家庭、对企业、对国家不利的道理，不断由浅入深形成安全文化理念。安全员要在实际工作中细心观察职工，注意从动感上寻思、伤感上找源，在引导职工吸取教训、制定防范措施的基础上，按照短、明、快的要求形成安全文化格言、警句、诗歌、顺口溜，绘制安全标志、图案，强化职工的安全意识，牢固构筑职工安全思想防线。

5）思路创新。安全文化建设是一个动态过程，受到职工文化结构和素质的制约和影响，并随着科学发展而发展、技术进步而进步、工艺变化而变化，只有与时俱进、创新发展、丰富内涵，才能保持顽强的生命力和完整的个性特征。

3. 安全文化建设的途径

（1）树立安全价值观，培养安全行为。长期以来，在安全生产工作中的一个顽症就是“严格不起来，落实不下去”。要解决这一问题，关键在于建立包含思想认识、理念意识、行为习惯等内容的安全文化。首先，要培养以团队精神为主的安全价值观，使安全意识渗透到每一个职工生产、生活的方方面面，使职工主动避免不安全的行为，自觉关注自身和他人的安全，营造安全、文明的生产和工作环境。其次，要培育“预防管理”的文化氛围，即鼓励全体员工主动发现安全隐患，报告安全问题，提出安全建议，防范事故于未然。最后，要强化职工的安全生产主体意识，使其真正认识到“安全生产，人人有责”。

（2）把安全文化融入现场管理全过程。安全文化的建设，很大程度上取决于各种安全理念是否能与企业管理有机渗透和融合。生产工作是否安全可靠，主要表现在生产现场。现场管理是安全管理的出发点和落脚点。职工在企业生产过程中不仅要同自然环境和机械设备等作斗争，而且还要同自己的不良行为作斗争。因此，必须加强现场管理，搞好环境建设，确保机械设备的安全运行。同时要加强职工的行为控制，健全安全监督检查机制，使职工处于安全、良好的作业环境和严密的监督、监控管理中，没有违章的条件，杜绝人为因素发生。为此，要搞好现场文明生产、文明施工、文明检修的标准化工作，保证作业环境整洁、安全。规范岗位作业标准化，预防“人”的不安全因素，使工人干标准活、放心活、完美活。

(3) 坚持开展丰富多彩的安全文化活动。开展丰富多彩的安全文化活动，是增强职工凝聚力、培养安全意识的一种好形式。因此，要广泛地开展认同性活动、娱乐活动、激励性活动、教育活动；张贴安全标语，提合理化建议；举办安全征文研讨、安全知识竞赛、安全演讲、安全展览；建立光荣台、违章曝光台；评选最佳班组、先进个人；开展安全竞赛活动，实行安全考核、一票否决制。通过各种活动方式向职工灌输和渗透企业安全观，取得广大职工的认同感和荣辱感，形成统一的安全意识和行为。

(4) 实现班组安全管理规范化。人的行为的养成，一靠教育，二靠约束。约束就必须有标准，有制度，建立健全一整套安全管理制度和安全管理机制是搞好安全文化建设的有效途径。首先，要健全安全管理制度，让职工明白什么是对的，什么是错的；应该做什么，不应该做什么；违反规定应该受到什么样的惩罚，使安全管理有法可依，有据可查。其次，对管理人员、操作人员，特别是关键岗位、特殊工种人员，要进行强制性的安全意识教育和安全技能培训，使职工真正懂得违章的危害及严重后果，提高职工的安全意识和技术素质。最后，要严格执行各项管理制度，严明奖罚，营建个人的安全观、健康的职业道德，形成良好的价值取向。

4. 安全文化建设的方式

(1) 运用传统有效的安全文化建设手段。坚持开展行之有效的安全培训教育和安全活动，如“三级教育”、特殊工种的培训教育、检修前教育、开停车教育、日常安全教育等；岗位工人必须持证上岗；开展班前安全活动、“三不伤害”活动、“4S”活动；开展安全竞赛、安全演讲、事故报告会等活动；实施标准化岗位、创建合格班组活动；定期进行技术练兵。还要开展多种形式的安全宣传，如设置安全宣传墙报、张贴安全标语、悬挂安全旗、设置安全标志（如警告标志、禁止标志、指令标志和指示标志等）、悬挂事故警示牌等。

（2）推行现代化的安全文化建设手段。在安全文化建设中，企业不断探索出适合自身安全文化建设需要的现代化手段，如班组建家；“三群”（群策、群力、群管）对策，“三防管理”（防尘、防毒、防烟），“三点控制”（事故多发点、危险点、危害点），“四查工程”（岗位、班组、车间、厂区）；事故判定技术，危险预知活动，“仿真”（应急）演习；安全风险抵押制；家属安全教育等。

综上所述，搞好安全建设始终是企业加强基层安全管理工作需要探索和实践的一个重要课题。安全建设要源于实践，根据企业的实际情况，找准自身安全建设的难点和重点，不断探索，不断改进，求实求新。除采取行之有效的管理方式和管理方法外，还要不断改善生产作业环境，督促企业在发展生产的同时，不断完善职工的劳动安全卫生条件。

三、安全文化建设经验介绍

很多企业能够针对新情况，研究新问题，探讨新方法，提出了加强安全文化建设一系列新思路、新举措，并以此为突破口，有效地推动了安全文化建设。

1.“12345”安全文化建设工程

即以“一严”为特征，“两抓”为重点，“三项工作”为途径，“四个规范”为核心，“五个开展”为动力的“12345”安全文化建设工程。

（1）一严。一严，即“严字当头”，严格组织领导、严格科学管理、严格执行标准、严格要求员工、严格考核标准、严格工艺纪律。

目的：形成以从严求实为内涵，认真和严格为特征的思想作风和工作作风。

支持手段：检查、考核、奖惩标准。

要点：

1）建立企业安全文化领导小组，形成安全管理机构。注重“机构”作用的发挥，制定相关的管理文件和保留相关的活动记录。

2）针对工作绩效建立“检查、考核、奖惩”标准，和效益工资挂钩，针对劳动纪律和工艺纪律建立奖罚制度，实行重奖重罚。

3）层层签订“安全工作责任书”，做到科学细化、可控可考，把安全工作目标落实到基层、落实到岗位、落实到个人，严格兑现，不说空话。

（2）两抓。抓设备管理，抓现场管理。

目的：提高设备和工作场所的安全性，优化工作秩序，让职工在安全、优美的环境中工作。

支持手段：现场“点、线、面”管理。

要点：

1）做好设备的日常维护工作，结合实际，制定设备检查标准，内容要具体，具有可操作性，并不断地修改和完善。使设备始终保持清洁，并正常运行，达到行业规定的设备完好标准。

2）搞好“点、线、面”的现场管理。“点”看设备，即要求设备无锈蚀、清洁、转动灵活、标志、标牌清晰；“线”看程序，即每道作业程序衔接严密，上道程序为下道程序服务，不同班组之间工作责任明确，有章可循；“面”看管理，作业环境整洁，各项管理有序，员工积极向上。

3）建立健全设备档案资料、技术资料、设备台账、设备维修手册，并对设备的小修、大修、报废进行全面跟踪管理。

(3) 三项工作。三项工作即安全教育、业务学习、安全检查。

1）安全教育

目的：增强职工安全意识和“安全、健康、环保”的理念；树立以人为本、珍惜生命、善待人生的安全人生观和安全价值观；激发员工积极、拼搏、向上的工作热情。

支持手段：做好安全教育记录。

要点：

①班组每月一次专题安全教育，法定长假、大型活动、特殊时期也要进行专题安全教育，建立格式化的安全教育专项记录，有要求、有防范措施。

②根据本行业特点规定安全教育的内容，采取丰富多彩的安全教育形式。内容一般包括：上级的指示和要求，安全目标、“三违”现象的教育和防范，联系周边的人和事以及相关的安全防护知识。

③抓住有利时机进行现身说法教育。

2）业务学习

目的：使职工熟练掌握相关的国家和行业的规范标准，对本单位的规章制度，理解正确，执行准确，熟练掌握本岗位的操作技能。

支持手段：开展岗位练兵活动。

要点：

①班组每周一次业务学习，制订学习计划，建立格式化的业务学习专项记录。

②提高职工业务素质的三个层面：企业负责职工的专业培训、班组负责职工的业务学习、职工个人自我充电。

③采取丰富多彩的业务学习形式，例如，由安全员出题，然后每人给出解答，最后由安全员讲解正确答案等。

3）安全检查

目的：在生产过程中，进行有效控制，排除现场隐患，持续改进。

支持手段：做好安全检查记录。

要点：

①规定各项安全检查的周期，根据安全检查内容和考核标准进行定期检查和定期考核，一般分为安全检查员每日巡视检查、班组周检查、职工日检查。

②建立真实可靠的安全检查专项记录，使用安全检查表、整改通知单、纠正措施报告及跟踪验证报告为一体的安全检查档案。

③确保安全检查和考核同绩效工资挂钩，提供真实的考评记录。

（4）四个规范。四个规范即规范的质量记录；规范的质量管理体系；规范的行为；规范的检查、考核、奖惩标准。

目的：以规范和标准为统率，以规章和制度为准绳，规范职工行为；以严谨的工作态度，把安全管理工作建立在科学管理的基础上，追求长久安全效应。

1）规范的质量记录

支持手段：质量管理体系。

要点：

①按照ISO9001质量管理体系建立质量记录，该说的要说到，

说到的一定要做到，做到的一定要有记录。

②记录的数量要适宜，不能太多，保证记录的单一性；也不能太少，保证事件的可追溯性。

③记录填写要真实可靠，应在现场填写的记录不能追记，保持记录的实时性；不能涂改（要涂改必须加盖印章），保持记录的真实性。质量记录由专人负责存档。

④开展质量记录填写的评比活动，促进质量记录的规范化。

2）规范的质量管理体系

支持手段：规范质量记录。

要点：

①制定适宜的质量方针和目标，质量方针和目标一定要切合实际，目标要量化，可操作性要强。

②认真做好过程识别，掌握过程控制点，建立配套的作业指导书。

③抓好过程控制，充分发挥安全检查在控制过程当中的作用，做到整改通知、纠正预防、跟踪验证、考核奖惩为一体，控制好每一个过程和环节。

3）规范的行为

规范的行为：操作要规范，衡量有标准，办事有章法，行为要负责，管理要科学。

支持手段：严格执行行业规范标准。

要点：

①职工对本岗位的规范标准、操作规程、作业指导书、规章制度熟练掌握，准确执行。

②严格按“检查、考核、奖惩”标准进行考核。

③对有“三违”现象的人，应立即停止工作，下岗学习，重新考核合格后才能上岗。

4）规范的检查、考核、奖惩标准

支持手段：遵循企业规章制度。

要点：

①标准的制定要符合以下原则：“一严”为特征的原则，可操作性原则，激励性原则，公平性原则，上下一致性原则，科学性和先进性原则。

②标准的执行要通过广泛讨论，听取职工意见，建立在自愿的基础之上，达到自我约束的效果。

③不能以行政处罚制度代替检查、考核、奖惩标准，检查、考核、奖惩标准要能全面反映职工的工作绩效（工作的数量和质量），是绩效工资发放的依据。

（5）五个开展。五个开展即开展“十个一”活动；开展杜绝“三违”活动；开展构筑“五道防线”活动；开展岗位练兵活动；开展“争先创优”活动。

目的：激发职工的工作热情，提高职工的工作质量，强化职工的安全意识，检验安全工作的成效，表彰先进，鞭策后进，创造浓厚的安全文化氛围，使生产建立在安全、健康的基础之上。

1）开展“十个一”活动

内容：读一本安全生产知识的书；提一条安全生产建议；查一起事故隐患或违章行为；写一条安全生产体会；做一件预防事故的实事；看一场安全生产录像或电影；接受一次安全生产知识培训；记一

次事故教训；当一周安全检查员；开展一次安全生产签名活动。

支持手段：党政工团组织大力开展相关活动。

要点：

①以当一周安全检查员为突破点口，安排每位职工当一周安全检查员，真正在岗一周，履行安全检查员的职责，促进十个一活动的开展。

②建立格式化记录，职工在当一周安全检查员后，必须完整地填写，由班组长审核验收和签字。

③定期总结，不断提升。

2）开展杜绝“三违”活动

内容：发动群众查找违章作业、违章操作、违章指挥的现象和事件。

支持手段：发动全体职工。

要点：

①查找本单位发生过或易发生的“三违”现象，列成条款，反复进行安全教育，并制定有效措施。

②教育职工树立互相监督、互相爱护、互相帮助的良好意识，营造互帮、互学、互爱的良好氛围，树立整体安全意识。

③不断提高安全生产与规范标准和规章制度的符合度。

3）开展构筑“五道防线”活动

内容：建立五道防线，即重点场所、重点设备、重点人员、薄弱环节、特殊时期的工作重点和防范预案，做到安全生产心中有数。

支持手段：开展安全教育。

要点：

①对“五道防线”实行动态管理。在不同地点、不同时期，每道防线的工作重点和防范内容是不同的，比如，重点场所随环境的变化而变化，重点设备随使用年限而变化，重点人员随人员的组成和发生的事件而变化，薄弱环节随作业程序的变化而变化，特殊时期随季节和时间的变化而变化。这五道防线应在不同时期和不同岗位实行动态管理。

②“五道防线”的内容、要求和预案作为安全教育的主要内容，要将预案和措施落实在相关工作岗位和人员，做到人人皆知、时时防范，确保安全。

③“五道防线”活动一定要形成文件，并适时地加以更改和变动。

4）开展岗位练兵活动

目的：不断提高职工的技术水平和规范程度。

支持手段：开展技能培训。

要点：

①为职工创造岗位练兵的环境，并将此项内容列为班组职工技能培训的重要内容。

②新职工和转岗职工必须经过严格训练和考核后，取得岗位证书。

③有计划、经常性地开展岗位练兵活动，利用技术比武等形式，造就技术能手，不断提高职工的业务素质。

5）开展“争先创优”活动

目的：形成安全生产比、学、赶、帮、超的局面。

支持手段：完善考核奖惩标准。

要点：

①制订创优计划。

②严格评定制度，坚持高标准严要求，宁缺毋滥，不搞平衡。

③设立流动奖牌，连续三年获得优秀称号的班组，对其主要领导和有贡献的职工实行重奖。

“12345”安全文化工程，考核权重为：“一严”占10%，“两抓”占40%，“三项工作”占10%，“四个规范”占30%，“五个开展”占10%。

2. 班组危险预知活动

（1）危险预知活动介绍。班组危险预知活动是日本中央劳动灾害防御协会于1973年提出“零事故运动”的支柱，目前在亚太地区一些国家和地区的企业广泛推广，效果明显。人们走进开展这项活动的企业，就会感到一股安全文化的气息和氛围，其车间的墙上、黑板以及班组活动场所，到处都标示着作业场所的危险及其控制信息。我国也有一些企业正在开展，如上海宝山钢铁（集团）公司等企业，已在班组全面推广，企业的伤亡事故明显得到控制，全员安全意识有了很大提高。

危险预知活动是班组开展安全文化建设、查找事故隐患的行之有效的方式，是控制人为失误，提高职工安全意识和安全技术素质，落实安全操作规程和岗位责任制，进行岗位安全教育，真正实现“三不伤害”的重要手段。该活动由班组长或作业负责人主持，利用安全活动时间或班前较短的时间，发动班组成员进行群众性的危险预测预防活动。这类活动类似于作战前的战术讨论会，发动士兵讨论敌情，研究作战方案，克敌制胜。

危险预知活动分危险预知训练和班前五分钟活动两个步骤进行。前一阶段主要是查找危险因素，制定预防措施；后一阶段重点落实预防措施。

（2）危险预知活动内容。通过危险预知活动，应明确以下几个问题：

1）作业地点、作业人员、作业时间。

2）作业现场状况。

3）事故原因分析。

4）潜在事故模式。

5）危险控制措施。

（3）危险预知活动需注意的问题

1）加强指导。根据危险源辨识结果，拟订班组危险预知活动计划，并将实施结果纳入考评内容。

2）班组长准备。活动前要求班组长对活动的主要内容进行初步准备，以便活动时心中有数，进行引导性发言，提高活动质量。

3）全员参加。充分发挥集体智慧，调动群众积极性，使大家在活动中受到教育。危险预知活动应在活跃的气氛中进行，不能“一言堂”，应让所有组员有充分发表意见的机会。危险预知活动分为四个阶段：发现问题，研究重点，提出措施，制定对策。

4）活动形式直观、多样。班组长可结合岗位作业状况，画一些作业示意图，便于大家分析讨论。

5）做好危险预知活动记录表的审查和整理。预知活动进行到一定阶段，车间应组织有关人员参加座谈会，对活动内容进行系统审查、修改和完善，归纳形成教材，作为班前五分钟活动的依据。

（4）危险预知活动的应用。班前五分钟活动是预知活动在实际生产作业中的应用，由班组长或作业负责人组织从事该项作业的班组成员，在作业现场利用较短时间进行安全提示，要求班组成员根据危险预知活动提出的要求，对人员、工具、环境、对象进行“四确认”，并将控制措施逐项落实到人。

第三章 商贸服务企业安全知识

商贸是指从事销售、购销、批发、零售、国外贸易、国内商业等经济活动，并自愿以货品或服务交换。商贸服务业即是为商贸提供的服务业。服务业可分为四个层次：第一层是流通部门，包括交通运输业、邮电通信业、商业饮食业、物资供销和仓储业；第二层是为生产和生活服务的部门，包括金融业、保险业、公用事业、居民服务业、旅游业、咨询信息服务业和各类技术服务业等；第三层是为提高科学文化水平和居民素质服务的部门，包括教育、文化、广播电视事业，科研事业，生活福利事业等；第四层是为社会公共需要服务的部门，包括国家机关、社会团体以及军队和警察等。

我国所说的商贸服务业，指的是长期以来主要由商务部门管理的、与企业商务贸易活动以及老百姓的生活密切相关的批发业、零售业、住宿业、餐饮业、租赁业、商务服务业、居民服务业以及物流业、典当业、拍卖业和部分娱乐业等其他服务业。

商贸服务业不仅仅要关注经营销售质量，在商贸服务业安全运营中的安全问题同样不容忽视，一些常见的安全生产问题在商贸服务业同样存在，例如电气安全问题、消防安全问题、货物仓储及运输中的安全问题，此外，针对商贸服务业运行的特殊性，还要做好盗窃、诈骗、抢劫等突发事件的预防及应急处置工作。

第一节　消防安全知识

火灾是商贸服务业安全运营的大敌，一旦发生，极易造成人员的重大伤亡和财产损失。所以，必须贯彻“以防为主，以消为辅”的消防工作方针，严格控制和管理各种危险物及火源，消除危险因素，将火灾危险控制在最小范围内；发生火灾事故后，保证作业人员能迅速撤离险区，安全疏散，同时及时有效地将火灾扑灭，防止火灾蔓延和发生灾害。

一、火灾的分类和原因

1. 火灾的分类

《火灾分类》（GB/T 4968—85）自1985年发布以来，在消防工作中发挥着十分重要的基础作用，广泛应用于防火灭火的各个领域。1985年版的标准根据物质燃烧特性将火灾分为A、B、C、D四类，随着火灾情况变化，这种分类已经不能满足消防要求。国家质检总局、国家标准委发布第131号公告，批准发布《火灾分类》（GB/T 4968—2008），该标准代替GB/T 4968—1985，并于2009年4月1日起实施。该标准按物质的燃烧特性将火灾定义为六个不同的类别：

（1）A类火灾。固体物质火灾。这种物质通常具有有机物性质，一般在燃烧时能产生灼热的灰烬，例如木材、棉、毛、麻、纸张等火灾。

（2）B类火灾。液体或可熔化的固体物质火灾，例如汽油、煤油、柴油、原油、甲醇、乙醇、沥青、石蜡等火灾。

（3）C类火灾。气体火灾，例如煤气、天然气、甲烷、乙烷、丙烷、氢气等火灾。

（4）D类火灾。金属火灾，例如钾、钠、镁、铝镁合金等火灾。

（5）E类火灾。带电火灾。物体带电燃烧的火灾，例如发电机、电缆、家用电器等火灾。

（6）F类火灾。烹饪器具内的烹饪物火灾，例如动植物油脂等火灾。

《火灾分类》（GB/T 4968—2008）规定的火灾分类针对不同种类的火灾，对选用不同的灭火器灭火具有指导作用。例如：扑救A类火灾，可选择水型灭火器、泡沫灭火器、磷酸铵盐干粉灭火器、卤代烷灭火器；扑救B类火灾，可选择泡沫灭火器（化学泡沫灭火器只限于扑灭非极性溶剂）、干粉灭火器、卤代烷灭火器、二氧化碳灭火器；扑救C类火灾，可选择干粉灭火器、卤代烷灭火器、二氧化碳灭火器等；扑救D类火灾，可选择粉状石墨灭火器、专用干粉灭火器，也可用干砂或铸铁屑末代替；扑救E类火灾，可选择干粉灭火器、卤代烷灭火器、二氧化碳灭火器等［带电火灾包括家用电器、电子元件、电气设备（如计算机、复印机、打印机、传真机、发电机、电动机、变压器等）以及电线电缆等燃烧时仍带电的火灾，而顶挂、壁挂的日常照明灯具起火后可自行切断电源的设备所发生的火灾则不应列入带电火灾范围］；扑救F类火灾，可选择干粉灭火器。

此外，按照一次火灾造成的人员伤亡、受灾户数和财产的直接损失，也可将火灾划分为三类。

第一类，具有下列情形之一的火灾为特大火灾：死亡10人以上（含本数，下同）；重伤20人以上；死亡、重伤20人以上；受灾50

户以上；直接财产损失 100 万元以上。

第二类，具有下列情形之一的火灾为重大火灾：死亡 3 人以上；重伤 10 人以上；死亡、重伤 10 人以上；受灾 30 户以上；直接财产损失 30 万元以上。

第三类，不具有前两项情形的火灾为一般火灾。

2. 火灾的原因

起火原因和火灾成因构成了整个火灾原因。起火原因揭示火灾是怎么发生的，火灾成因解决火灾是如何发展蔓延成灾这个问题的。火灾成因的提出是火灾调查理论的跨越发展，对开展火灾调查工作，提高人们与火灾作斗争的能力有重要意义。

在一般情况下，商贸服务业发生火灾的原因有以下几个方面：

（1）易燃、可燃材料被大量使用，且火源管理不善。例如，饭店（酒店）大量的内部装饰材料和陈设用具采用木材、塑料和棉、麻、丝、毛及其他纤维制品和化学合成材料，这些都是有机可燃物质。一旦发生火灾，这些材料燃烧猛烈，蔓延迅速，形成立体燃烧，导致大面积受灾，损失惨重。

（2）易燃物品管理不善，库房不符合防火标准，没有根据物品的性质分类储存。例如，将性质互相抵触的化学物品放在一起，将灭火要求不同的物品放在一起，或将遇水燃烧的物品放在潮湿地点等。

（3）电气设备绝缘不良，安装不符合规程要求，设备发生短路，超负荷，接触电阻过大等。例如，为了提高效益，一些酒店在原有设施的基础上增添了空调、购置了卡拉 OK 设备，开设了舞厅，由于有些电气线路安装不规范，但又超负荷使用，就会出现问题。此外，商贸服务业办公室电器多用插座供电，有时插用电器过多，造成插座、插头啮合不良从而发热失火。

(4) 工艺布置不合理，易燃易爆场所未采取相应的防火防爆措施，设备缺乏维护、检修，或检修质量低劣。

(5) 违反安全操作规程，使设备超温超压，或在易燃易爆场所违章动火、吸烟或违章使用汽油等易燃液体。例如，酒店基本上不禁止吸烟，特别是那些综合性酒店，因此危险性更大，极容易发生火灾事故，甚至造成人员伤亡。

(6) 通风不良，生产场所的可燃蒸气、气体或粉尘在空气中达到爆炸浓度并遇火源。例如，现代的饭店（酒店）大多是高层建筑，通风管道纵横交错，延伸到建筑的各个角落，楼梯井、管道井、电梯井、电缆井、垃圾井等竖井林立，如同一座座大烟囱。一旦发生火灾，火焰沿着竖井和通风管道迅速蔓延扩大，危及整个建筑。

(7) 避雷设备安装不当，缺乏检修或没有避雷装置，发生雷击引起失火。

(8) 易燃易爆生产场所的设备管线没有采取消除静电措施，发生放电火花。

(9) 棉纱、油布、沾油铁屑等放置不当，在一定条件下自燃起火。

二、火灾探测与报警

1. 火灾探测

火灾探测报警系统本身并不能影响火灾的自然发展进程，其主要作用是及时将火灾迹象通知有关人员，以便其准备疏散或组织灭火，延长建筑物可供疏散的时间并通过联动系统启动消防设施。在火灾的早期阶段，准确地探测到火情并迅速报警，对于及时组织有序快速的疏散、积极有效地控制火灾的蔓延、快速灭火和减少火灾损失都具有重要的意义。

掌握火灾探测的基本原理对于预防火灾具有积极意义。在火灾的孕育与初期阶段，建筑物内会出现不少特殊现象，如发热、发光、发声以及散发出烟尘、可燃气体、特殊气味等。这些现象是物质燃烧过程中发生物质转换和能量转换的结果，为早期发现火灾、进行火灾探测提供了依据。深入分析火灾早期现象的特征，从中提取出可用于火灾探测的信息是一项极其重要的工作。按照探测元件与探测对象的关系，火灾探测原理可分为接触式和非接触式两种基本类型。

（1）接触式探测。在火灾的初期阶段，烟气是反映火灾特征的主要方面。接触式探测就是利用某种装置直接接触烟气来实现火灾探测的，只有当烟气到达该装置所安装的位置时，感测元件方可发生响应。烟气的浓度、温度、特殊产物的含量等都是探测火灾的常用参数。在普通建筑物中使用最多的是点式探测器，它们有一个直径约10 cm的壳体，其内部安装了某种感测烟气浓度、温度或代表燃烧产物（如CO）的元件，当进入壳体的烟气所具有的浓度或温度达到所用元件设定的危险阈值时便发出报警。在某些特殊场合下，接触式探测器也可做成线型，如适宜在电缆沟内使用的缆线式感温探测器，它们是根据缆线所在空间环境的温度变化来探测火灾的。

（2）非接触式探测。非接触式火灾探测器主要是根据火焰或烟气的光学效果进行探测的。由于探测元件不必触及烟气，可以在离起火点较远的位置进行探测，由于其探测速度较快，适宜探测那些发展较快的火灾。这类探测器主要有光束对射式探测器、感光（火焰）式探测器和图像式探测器。

1）光束对射式探测器是将发光元件和感光元件分成两个部件，分别安装在建筑空间的两个位置。当有烟气从两者之间通过时，烟气浓度致使光路之间的减光量达到报警阈值时，便可发出火灾报警信号。

2）火焰式探测器利用光电效应探测火灾，主要探测火焰发出的紫外光或红外光，而不用可见光波段，因为可见光不易有效地把火焰的辐射与周围环境的背景辐射区别开来。

3）图像式探测器是利用摄像原理探测火灾的，目前主要采取红外摄像与日光盲热释电预警器件进行复合。一旦发生火灾，火源及相关区域必然发出一定的红外辐射信号。在远处的摄像机发现这种信号后，便输入计算机中进行综合分析。若判定确实是火灾信号，则立即发出报警。由于计算机所给出的是图像信号，因此具有很强的可视性和火源空间定位功能，有助于减少误报警和缩短火灾确认时间，增加人员疏散时间和实现早期灭火。

2. 火灾报警

《中华人民共和国消防法》第44条明确规定：任何人发现火灾都应当立即报警。任何单位、个人都应当无偿为报警提供便利，不得阻拦报警。严禁谎报火警。《中华人民共和国消防法》第49条规定：公安消防队、专职消防队扑救火灾、应急救援，不得收取任何费用；单位专职消防队、志愿消防队参加扑救外单位火灾所损耗的燃料、灭火剂和器材、装备等，由火灾发生地的人民政府给予补偿。我国的火警电话是“119”，接通电话后要沉着冷静，向接警中心讲清失火单位名称、地址、着火原因、火势大小以及着火的范围。同时还要注意听清对方提出的问题，以便正确回答。

此外，商贸服务企业一般都装备自动消防系统，该系统应包括探测、报警、联动、灭火、减灾等功能。火灾自动报警系统主要完成探测和报警功能，控制和联动等功能主要由联动控制系统来完成。联动控制系统是由联动控制器与现场主动型设备和被动型设备组成。现场主动型设备是指在火灾参数的作用下，设备自主执行某种动作；现场被动型设备是指在控制器或人为的控制下才能动作。

火灾自动报警系统是由触发装置、报警装置、警报装置和电源等部分组成的通报火灾发生的全套设备，如图 3—1 所示，复杂系统还包括消防控制设备。

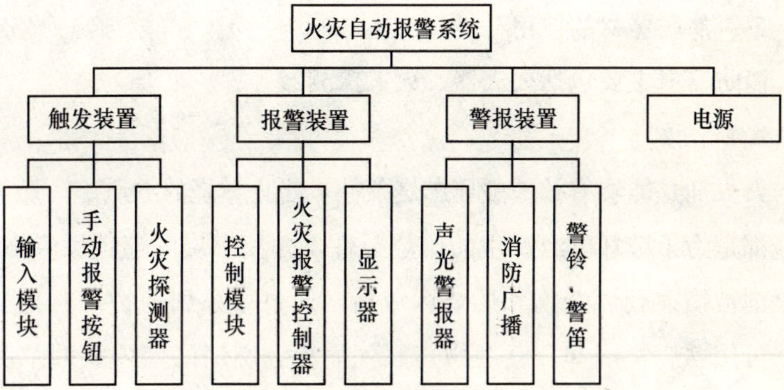

图 3—1　火灾自动报警系统的组成

在火灾自动报警系统中，自动或手动产生火灾报警信号的装置称为触发装置，主要包括火灾探测器和手动火灾报警按钮；用以接收、显示和传递火灾报警信号，并能发出控制信号和具有其他辅助功能的控制指示的装置称为火灾报警装置，火灾报警控制器就是其中最基本的一种；用以发出区别于正常环境中的声、光的火灾警报信号的装置称为火灾警报装置，火灾警报器就是一种最基本的火灾警报装置，它以声、光方式向报警区域发出火灾警报信号，以警示人们采取安全疏散、灭火救灾措施；在火灾自动报警系统中，当接收到来自触发装置的火灾报警信号，能自动或手动启动相关消防设备并显示其状态的设备，称为消防控制设备。其中，火灾警报装置（包括警铃、警笛、警灯等）是发生火灾时向人们发出警告的装置，即告诉人们着火了，或者有什么意外事故。火灾应急广播，是火灾时（或意外事故时）指挥现场人员进行疏散的设备。为了及时向人们通报火灾，指导人们安全、迅速地疏散，火灾事故广播和警报装置按要求设置是非常必要的。

三、消防器材的使用

消防器材主要包括灭火器、火灾探测器等。

1. 灭火剂

灭火剂是能够有效地破坏燃烧条件，终止燃烧的物质。一切灭火措施都是为了破坏已经产生的燃烧条件，并使燃烧的连锁反应终止。灭火剂被喷射到燃烧物和燃烧区域后，通过一系列的物理、化学作用，可使燃烧物冷却、燃烧物与氧气隔绝、燃烧区域内氧的浓度降低、燃烧的连锁反应中断，最终导致维持燃烧的必要条件受到破坏，停止燃烧反应，从而起到灭火作用。

（1）水和水系灭火剂。水是最常用的灭火剂，它既可以单独用来灭火，也可以在其中添加化学物质配制成混合液使用，从而提高灭火效率，减少用水量。这种在水中加入化学物质的灭火剂称为水系灭火剂。水能从燃烧物中吸收很多热量，使燃烧物的温度迅速下降，使燃烧终止。水在受热汽化时，体积增大 1 700 多倍，当大量的水蒸气笼罩于燃烧物的周围时，可以阻止空气进入燃烧区域，从而大大减少燃烧区域氧的含量，使燃烧因缺氧而终止。在用水灭火时，加压水能喷射到较远的地方，具有较大的冲击作用，能冲过燃烧表面而进入内部，从而使未着火的部分与燃烧区域隔离开，防止燃烧物继续分解燃烧。同时水能稀释或冲淡某些液体或气体，降低燃烧强度；能浸湿未燃烧的物质，使之难以燃烧；还能吸收某些气体、蒸气和烟雾，有助于灭火。

不能用水扑灭的火灾如下：

1）密度小于水和不溶于水的易燃液体的火灾，如汽油、煤油、柴油火灾等。苯类、醇类、醚类、酮类、酯类及丙烯腈等大容量储罐火灾，如用水扑救，则水会沉在液体下层，被加热后会引起爆沸，形成可燃液体的飞溅和溢流，使火势扩大。

2）遇水产生燃烧物的火灾，如金属钾、钠、碳化钙火灾等，不能用水，而应用沙土灭火。

3）硫酸、盐酸和硝酸引发的火灾，不能用水流冲击，因为强大的水流能使酸飞溅，流出后遇可燃物质，有引起爆炸的危险。酸溅在人身上，能灼伤人。

4）电气火灾未切断电源前不能用水扑救，因为水是良导体，容易造成触电。

5）高温状态下化工设备的火灾不能用水扑救，以防高温设备遇冷水后骤冷，引起变形或爆裂。

（2）气体灭火剂。气体灭火剂的使用始于 19 世纪末期。由于气体灭火剂具有释放后对保护设备无污染、无损害等优点，其防护对象逐步向各种不同领域扩充。由于二氧化碳的来源较广，利用隔绝空气后的窒息作用可成功抑制火灾，因此早期的气体灭火剂主要采用二氧化碳。由于二氧化碳不含水、不导电、无腐蚀性，对绝大多数物质无破坏作用，所以可以用来扑救精密仪器和一般电气火灾。它还适于扑救可燃液体和固体火灾，特别是那些不能用水扑救以及受到水、泡沫、干粉等灭火剂的玷污容易损坏的固体物质火灾。但是二氧化碳不宜用来扑救金属钾、镁、钠、铝等及金属过氧化物（如过氧化钾、过氧化钠）、有机过氧化物、氯酸盐、硝酸盐、高锰酸盐、亚硝酸盐、重铬酸盐等氧化剂的火灾。因为二氧化碳从灭火器中喷射出时，温度降低，使环境空气中的水蒸气凝聚成小水滴，上述物质遇水即发生反应，释放大量的热，同时释放出氧气，使二氧化碳的窒息作用受到影响。因此，上述物质引发的火灾用二氧化碳扑救效果不佳。

（3）泡沫灭火剂。泡沫灭火剂有两大类型，即化学泡沫灭火剂和空气泡沫灭火剂。化学泡沫是通过硫酸铝和碳酸氢钠的水溶液发生化学反应，产生二氧化碳，而形成泡沫。空气泡沫是由含有表面活性剂的水溶液在泡沫发生器中通过机械作用而产生的，泡沫中所含的气体为空气。空气泡沫也称为机械泡沫。

空气泡沫灭火剂种类繁多，根据发泡倍数的不同可分为低倍数泡沫、中倍数泡沫和高倍数泡沫灭火剂。高倍数泡沫灭火系统替代低倍数泡沫灭火系统是当今的发展趋势。高倍数泡沫的应用范围远比低倍数泡沫广泛得多。高倍数泡沫灭火剂的发泡倍数高（201～1 000倍），能在短时间内迅速充满着火空间，特别适用于大空间火灾，并具有灭火迅速的优点；而低倍数泡沫则与此不同，它主要靠泡沫覆盖着火对象表面，将空气隔绝而灭火，且伴有水渍损失，所以它对液化烃的流淌火灾和地下工程、船舶、贵重仪器设备及物品的火灾扑救无能为力。高倍数泡沫灭火技术被各个工业发达国家应用到石油化工、冶金、地下工程、大型仓库和贵重仪器库房等场所，尤其在近10年，高倍数泡沫灭火技术多次在油罐区、液化烃罐区、地下油库、汽车库、油轮、冷库等场所扑救失控性大火中起到决定性作用。

（4）干粉灭火剂。干粉灭火剂由一种或多种具有灭火能力的细微无机粉末组成，主要包括活性灭火组分、疏水组分、惰性填料，粉末的粒径大小及其分布对灭火效果有很大的影响。窒息、冷却、辐射及对有焰燃烧的化学抑制作用是干粉灭火剂效能的集中体现，其中化学抑制作用是灭火的基本原理，起主要灭火作用。干粉灭火剂中的灭火组分是燃烧反应的非活性物质，当进入燃烧区域火焰中时，捕捉并终止燃烧反应产生的自由基，降低了燃烧反应的速率，当火焰中干粉浓度足够高，与火焰的接触面积足够大，自由基终止速率大于燃烧反应生成的速率，链式燃烧反应被终止，从而使火焰熄灭。

干粉灭火剂与水、泡沫、二氧化碳等相比，在灭火速率、灭火面积、等效单位灭火成本三个方面有一定优越性，因其灭火速率快，制作工艺过程不复杂，使用温度范围广，对环境无特殊要求，以及使用方便，不需外界动力、水源，具有无毒、无污染、安全等特点，目前在手提式灭火器和固定式灭火器上得到广泛的应用，是替代哈龙灭火剂的一类理想环保灭火产品。

2. 灭火器种类及其使用范围

灭火器由筒体、器头、喷嘴等部件组成，借助驱动压力可将所充装的灭火剂喷出，达到灭火目的。灭火器由于结构简单，操作方便，轻便灵活，使用面广，是扑救初期火灾的重要消防器材。

灭火器的种类很多，按其移动方式分为手提式、推车式和悬挂式；按驱动灭火剂的动力来源可分为储气瓶式、储压式、化学反应式；按所充装的灭火剂则又可分为清水式、泡沫式、酸碱式、二氧化碳式、卤代烷式、干粉式、7150式等。

（1）清水灭火器。清水灭火器充装的是清洁的水，并加入适量的添加剂，采用储气瓶加压的方式，利用二氧化碳钢瓶中的气体作动力，将灭火剂喷射到着火物上，达到灭火的目的。其主要由筒体、筒盖、喷射系统及二氧化碳储气瓶等部件组成。清水灭火器适用于扑救可燃固体物质火灾，即A类火灾。

（2）泡沫灭火器。泡沫灭火器包括化学泡沫灭火器和空气泡沫灭火器两种，分别是通过筒内酸性溶液与碱性溶液混合后发生化学反应或借助气体压力喷射出泡沫覆盖在燃烧物的表面上，从而隔绝空气起到窒息灭火的作用。泡沫灭火器适合扑救脂类、石油产品等B类火灾以及木材等A类火灾物质的初期火灾，但不能扑救B类火灾中的水溶性火灾，也不能扑救带电设备及C类和D类火灾。

化学泡沫灭火器内充装有酸性和碱性两种化学药剂的水溶液，使用时，两种溶液混合引起化学反应生成泡沫，并在压力的作用下，喷射出去灭火。化学泡沫灭火器按使用操作可分为手提式、舟车式、推车式。值得注意的是，随着《化学泡沫灭火器用灭火剂》（GB 4395—1992）标准的颁布实施，原YP型化学泡沫灭火剂因其泡沫黏稠，流动性差，灭火性能差而被淘汰，目前开发和使用的化学泡沫灭火剂是由硫酸铝、碳酸氢钠及复合添加剂和水组成的。原产品一律禁止生产、销售和使用。

空气泡沫灭火器充装的是空气泡沫灭火剂，具有良好的热稳定性，抗烧时间长，灭火能力比化学泡沫高3～4倍，性能优良，保存期长，使用方便，是取代化学泡沫灭火器的更新换代产品。它可根据不同需要分别充装蛋白泡沫、氟蛋白泡沫、聚合物泡沫、轻水（水成膜）泡沫和抗溶泡沫等，用来扑救各种油类及极性溶剂的初期火灾。

（3）酸碱灭火器。酸碱灭火器是一种内部装有65%的工业硫酸和碳酸氢钠的水溶液作灭火剂的灭火器。使用时，两种药液混合发生化学反应，产生二氧化碳气体，灭火剂在二氧化碳气体压力下喷出进行灭火。该类灭火器适用于扑救A类火灾物质的初期火灾，如木、竹、织物、纸张等燃烧的火灾。它不能用于扑救B类火灾，也不能用于扑救C类火灾中可燃气体或轻金属类火灾，同时也不能用于带电场合火灾的扑救。

（4）二氧化碳灭火器。二氧化碳灭火器是利用其内部充装的液态二氧化碳的蒸气将二氧化碳喷出灭火的一种灭火器具，其利用降低氧气含量，造成燃烧区域窒息而灭火。一般当氧气的含量低于12%或二氧化碳浓度达30%～35%时，燃烧终止。1 kg的二氧化碳液体，在常温常压下能生成500 L左右的气体，这些足以使1 m^3空间范围内的火焰熄灭。由于二氧化碳是一种无色的气体，灭火不留痕迹，并有一定的电绝缘性能等特点，因此，更适宜于扑救600 V以下带电电器、贵重设备、图书档案、精密仪器仪表的初期火灾，以及一般可燃液体的火灾。

（5）干粉灭火器。干粉灭火器以液态二氧化碳或氮气作动力，将灭火器内的干粉灭火剂喷出进行灭火。该类灭火器主要通过抑制作用灭火。干粉灭火剂按使用范围可分为普通干粉和多用干粉两大类。普通干粉也称BC干粉，是指碳酸氢钠干粉、改性钠盐干粉、氨基干粉等，主要用于扑救可燃液体、可燃气体以及带电设备火灾；多用干粉也称ABC干粉，是指磷酸氨盐干粉、聚磷酸铵干粉等，它不仅适用于扑救可燃液体、可燃气体和带电设备的火灾，还适用于扑救一般固体物质火灾，但不能扑救轻金属火灾。

第二节 电气事故防范

电是商贸服务业生产运营的主要能源，在商贸服务企业运营中应用越来越广。如果用电不当，电又会对人类造成威胁。触电会造成人员伤亡，电气事故可能毁坏机电设备，还会引起电气火灾。

一、触电的种类

按照触电事故的构成方式，触电可分为电击和电伤。

1. 电击

电击是电流对人体内部组织的伤害，是最危险的一种伤害，绝大多数（大约85%以上）的触电死亡事故都是由电击造成的。

（1）电击的主要特征

1）伤害人体内部。

2）在人体的外表没有显著的痕迹。

3）致使电流较小。

（2）电击的分类。按照发生电击时电气设备的状态，电击可分为直接接触电击和间接接触电击。

1）直接接触电击。直接接触电击是触及设备和线路正常运行时的带电体发生的电击（如误触接线端子发生的电击），也称为正常状态下的电击。

2）间接接触电击。间接接触电击是触及正常状态下不带电，而当设备或线路故障时意外带电的导体发生的电击（如触及漏电设备的外壳发生的电击)，也称为故障状态下的电击。

2. 电伤

电伤是电流的热效应、化学效应、机械效应等对人造成的伤害。触电伤亡事故中，纯电伤性质及带有电伤性质的事故约占 75%（电烧伤约占 40%)。尽管大约 85%以上的触电死亡事故是电击造成的，但其中大约 70%含有电伤成分。对专业电工自身的安全而言，预防电伤具有更加重要的意义。

(1) 电烧伤是电流的热效应造成的伤害，分为电流灼伤和电弧烧伤。

电流灼伤是人体与带电体接触，电流通过人体由电能转换成热能造成的伤害。电流灼伤一般发生在低压设备或低压线路上。

电弧烧伤是由弧光放电造成的伤害，分为直接电弧烧伤和间接电弧烧伤。前者是带电体与人体发生电弧，有电流流过人体的烧伤；后者是电弧发生在人体附近对人体的烧伤，包含熔化了的炽热金属溅出造成的烫伤。直接电弧烧伤是与电击同时发生的。

电弧温度高达 8 000℃以上，可造成大面积、大深度的烧伤，甚至烧焦、烧掉四肢及其他部位。大电流通过人体，也可能烘干、烧焦肌体组织。高压电弧的烧伤较低压电弧严重，直流电弧的烧伤较工频交流电弧严重。

发生直接电弧烧伤时，电流进、出口处烧伤最为严重，体内也会受到烧伤。与电击不同的是，电弧烧伤都会在人体表面留下明显痕迹，而且致使电流较大。

(2) 皮肤金属化是在电弧高温的作用下，金属熔化、汽化，金属微粒渗入皮肤，使皮肤粗糙而张紧的伤害。皮肤金属化多与电弧烧伤同时发生。

(3) 电烙钝是在人体与带电体接触部位留下的永久性斑痕。斑痕处皮肤失去原有弹性、色泽，表皮坏死，失去知觉。

(4) 机械性损伤是电流作用于人体时，由于中枢神经反射和肌肉强烈收缩等作用导致的肌体组织断裂、骨折等伤害。

(5) 电光眼是发生弧光放电时，由红外线、可见光、紫外线对眼睛的伤害。电光眼表现为角膜炎或结膜炎。

二、触电方式

按照人体触及带电体的方式和电流流过人体的途径，电击又可以分为单相触电、两相触电和跨步电压触电。

1. 单相触电

当人体直接碰触带电体其中的一相时，电流通过人体流入大地，这种触电现象称为单相触电。对于高压带电体，人体虽未直接接触，但由于超过了安全距离，高电压对人体放电造成单相接地而引起的触电，也属于单相触电。

低压电网通常采用变压器低压侧中性点直接接地和中性点不直接接地（通过保护间隙接地）的接线方式。

若人体电阻按 1 000 Ω 计算，则在 220 V 中性点接地的电网中产生单相触电时，流过人体的电流将达 220 mA，已大大超过人体的承受能力；即使在 110 V 系统中触电，通过人体的电流也达到 110 mA，仍可能危及生命。

在低压中性点直接接地时，单相触电事故在地面潮湿时易于发生。单相触电是危险的。如高压架线断线，人体碰及断导线往往会导致触电事故。此外，在高压线路周围施工，未采用安全措施，碰及高压导线导致的触电事故也时有发生。

2. 两相触电

人体同时接触带电设备或线路中的两相导体，或在高压系统中，人体同时接近不同相的两相带电导体，而发生电弧放电，电流从一相导体通过人体流入另一相导体，构成一个闭合回路，这种触电方式称为两相触电。

发生两相触电时，作用于人体上的电压等于线电压，这种触电是最危险的。

3. 跨步电压触电

当电气设备发生接地故障，接地电流通过接地体向大地流散，在地面上形成电位分布时，若人在接地适中点周围行走，其两脚之间的电位差，就是跨步电压。由跨步电压引起的人体触电，称为跨步电压触电。

下列情况和部位可能发生跨步电压电击：

（1）带电导体，特别是高压导体故障接地处，流散电流在地面各点产生的电位差造成跨步电压电击。

（2）接地装置流过故障电流时，流散电流在附近地面各点产生的电位差生成跨步电压电击。

（3）正常时有较大工作电流流过的接地装置附近，流散电流在地面各点产生的电位差造成跨步电压电击。

（4）防雷装置接受雷击时，极大的流散电流在其装置附近地面各点产生的电位差造成跨步电压电击。

（5）高大设施或高大树木遭受雷击时，极大的流散电流在附近地面各点产生的电位差造成跨步电压电击。

跨步电压的大小受接地电流大小、鞋和地面特征、两脚之间的跨距、两脚的方位以及离接地点的远近等很多因素的影响。人的跨距一般按 0.8 m 考虑。

由于跨步电压受很多因素的影响以及由于地面电位分布的复杂性，几个人在同一地带遭到跨步电压电击完全可能出现截然不同的后果。

三、电气防护要求

1. 电气防护技术要求

为了防止电气事故，在生产中必须采取相应的电气安全技术措施，增加电气设备与线路的安全性能，减少人员触电的危险性。

（1）绝缘、屏护和安全距离。绝缘、屏护和安全距离是最为常见的安全措施，是防止人体触及或过分接近带电体造成触电事故以及防止短路、故障接地等电气事故的主要安全措施。

1）绝缘。就是用绝缘材料把带电体封闭起来。常用的绝缘材料有塑料、橡胶、瓷、玻璃、云母、木材、胶木、布、纸和矿物油等。如矿山井下应使用矿用橡胶套电缆。

2）屏护。就是用遮栏、护罩、护盖以及箱匣等将带电体与外界隔离开。

3）安全距离。就是带电体与设备、设备之间，以及作业时人员与带电体之间要保持一定的间距，以防止电气短路和放电伤人。安全距离还可起到防止火灾、防止混线、方便操作的作用。

（2）工作接地。低压供电系统中性点接地属工作接地，即将供电系统的中性点与大地相连接。

（3）接地和接零。运行中的电气设备可能由于绝缘损坏、线路断线等原因，使其金属外壳以及与电气设备相接触的其他金属物上出现危险的对地电压。人体接触后，就有可能发生触电危险。为了避免触电事故的发生，最常用的保护措施是接地和接零。

1）保护接地（见图 3—2）。就是把电气设备中正常不带电而在故障状态下带电的金属部分通过接地装置（由接地体和接地线组成）进行接地。保护接地的作用是，当人体接触带电外壳时，通过人体的电流会大大减少，从而减少人体触电伤亡的危险性。

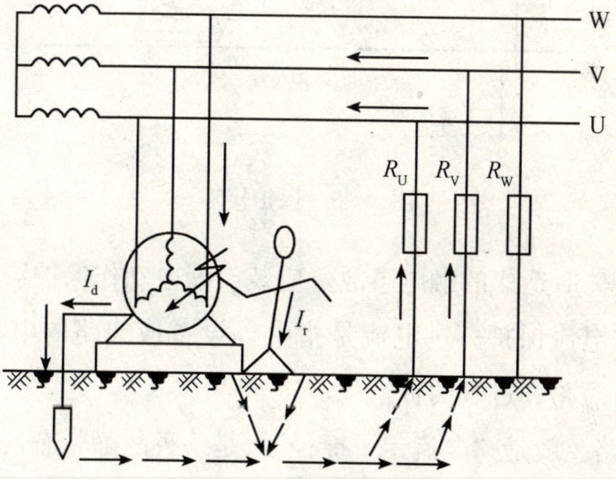

图 3—2　保护接地

2）保护接零（见图 3—3）。是在 380/220 V 的三相四线制中性点接地的供电系统中，将电气设备的金属外壳与中性点接地的零线连接起来。保护接零一般需与短路保护装置同时使用。

如图 3—3 所示，当某相带电体与设备的外壳连接时，通过设备外壳的接零导线造成单相短路，短路电流促使短路保护装置动作，断开故障部分的电源，从而消除触电危险。

（4）漏电保护。为了防止电网漏电及由此造成的危害，以及防止

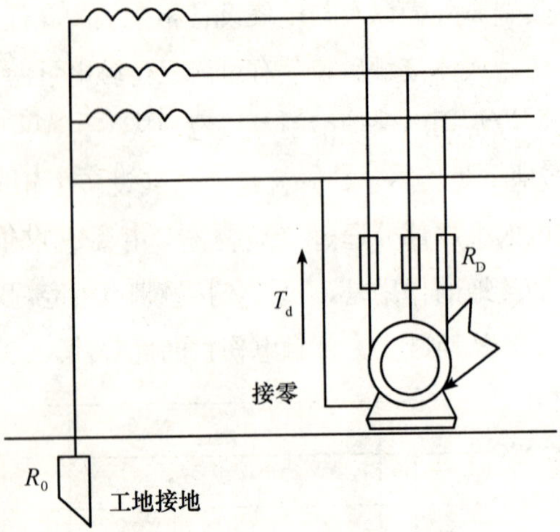

图 3—3　保护接零

人触及带电体时造成的触电事故，应装设漏电动作保护器。

(5) 过电流保护。过电流是指电气设备或线路的电流超过规定值，一般有短路和过载两种情况。

1) 短路。就是“电流走了捷径”，是一种故障状态，是在电网或设备中，不同相之间直接短接或通过电弧短接，一般由设备或线路的绝缘损坏或者机械损伤而造成。

2) 过载。是指用电设备或线路的负荷电流及相应的时间（过载时间）超过允许值。

短路和过载都将使电气设备或线路发热超过允许限度，从而引起绝缘损坏、设备或线路烧毁，甚至引起火灾事故。为了保障安全可靠供电，电网或用电设备应装设过电流保护装置，当电网发生短路或过载故障时，过电流保护装置动作，迅速可靠地切除故障部分的电源，避免造成严重后果。常用的过电流保护装置有熔断器、热继电器、电磁式过电流继电器。

（6）防雷电措施。雷是一种大气中的云层放电现象，放电时间很短促，电流极大，高达 20 万～30 万 A，放电时温度可达 20 000℃，放电的瞬间出现耀眼的闪光和震耳的轰鸣，具有极大的破坏力，可在瞬间击毙人畜，焚毁房屋和其他建筑物，毁坏电气设备的绝缘，造成大面积、长时间的停电事故，甚至造成火灾和爆炸事故，危害十分严重。防雷电包括电力系统的防雷和建筑系统的防雷，主要措施是采用避雷针和避雷器。

（7）安全电压。安全电压是防止触电事故的安全技术措施之一。我国将交流 50～60 Hz、30 mA 和直流 50 mA 的电流确定为人体安全电流值。在各种不同环境条件下，人体接触到带有一定电压的带电体而不会受到任何伤害，该电压称为安全电压。我国规定的安全电压有 42 V、36 V、24 V、12 V、6 V 五个等级。

（8）安全标志。电气安全标志的作用是警示作用或者指示作用，一般是通过不同的颜色和符号来表示。警示作用的安全标志一般采用安全色、安全标志、安全告示牌来表示，如红色或红色符号表示禁止，黄色或黄色符号表示警告；警告牌或警告提示，如闪电符号，在高压电器上注明“高压危险”的警告语，检修设备的电气开关上挂“有人作业，禁止送电”的警告牌等。指示作用的安全标志是用不同的颜色来表示不同性质和用途的电气设备和线路，如红色按钮表示停机按钮，绿色按钮表示开机按钮等。还有各种用途的电气信号指示灯。

2. 电气防护管理要求

（1）电工上岗应穿戴和使用防护用品、用具进行操作。维修电气设备和线路，应由电工进行。

（2）在输电线路上进行带电作业时，应采取可靠的安全措施，并经主管领导批准。

（3）电气设备裸露的带电部分，应设保护罩或遮栏及警示标志。经常接触和使用的配电箱、配电板、刀开关、按钮、插座、插销以及导线等，应保持完好，不得有破损或将带电部分裸露出来。

（4）供电设备和线路的停电和送电，应严格执行工作票制度。

（5）大型电气设备应设有专用的受电开关，停电或送电应有工作牌。

（6）危化品等电气设备和线路，应设有可靠的防雷、接地装置。

（7）在电源线路上断电作业时，该线路的电源开关把手，应加锁或设专人看管，并悬挂“有人作业，不准送电”的警示牌。在停电线路上工作时，应先采取验电和挂接地线等安全措施。工作完毕，应及时将接地线拆除后再通电。

（8）在导线、电气设备、变压器、油开关附近，不得有损坏电气绝缘或引起电气火灾的热源及易燃易爆物品。

（9）熔断器、熔丝、熔片、热继电器等保险装置，使用前必须进行核对，不应任意更换或代用。严禁用铜丝、铁丝代替熔丝。

（10）在带电设备周围不得使用钢卷尺和带金属丝的线尺。

（11）在使用手持式电动工具时，应安装漏电保护器，外壳要进行保护接地，移动工具时要防止导线被拉断。

（12）在雷雨天不要走近高压电杆、铁塔、避雷针的接地导线周围 20 m 以内。当遇到高压线断落时，在落点周围 10 m 以内不许人畜进入；若已进入危险区域且感觉到有跨步电压作用时，应赶快将双脚并在一起或用单腿跳离危险区。

四、电气设备安全操作

商贸服务业电气设备安全操作主要有如下内容：

1. 安全操作要求

（1）对操作人员的要求

1）电气设备必须由专职电工进行检修，或在专职电工指导下进行工作。

2）电气设备的电源部分必须设置分开关，一闸一用，禁止一闸多用，并应将开关箱加锁，固定在安全的地方，钥匙由专人保管。开关箱下端距地面高度不得小于 1.3 m，并在配电箱内配置触电保安器。

（2）操作过程中的安全要求

1）任何电气设备在未查明无电之前，一律视为有电。

2）电源电压必须与电气设备额定电压相同（三相电压波动应在±5%以内），供电变压器的容量必须满足该机械设备的要求，并应按规定配备电动机的启动装置。

3）熔丝粗细应与三相一致，其额定电流不准大于该线路额定电流，应按预定电流选用合格的熔丝和熔片，严禁用铜丝或铁丝代替。

4）电气设备应接地或接零良好，接地电阻不得大于有关规定。每台机组应分别接地，禁止跨越使用接地线，不得借用避雷器线作接地线。在同一供电系统上不得同时接地又接零。

5）高度超过周围建筑物的设备应设避雷及可靠接地装置，其电阻不得大于有关规定。

6）线路敷设应符合线路安装规定，以及符合当地供电局的规定。

7）移动式电气设备应使用橡胶电缆（橡皮软线）并予以固定，且自由移动的长度尽可能缩短。电缆通过走道、脚手架时应有刚性防护设备。挖沟铺设电缆时，应穿钢管保护，或在电缆上面架设钢板保护。

8）500 V以下的低电压电路中，禁止带负荷切断裸闸刀，必要时应加灭弧罩或戴绝缘手套及防护眼镜，操作时面部不得正对闸刀。

9）电气设备启动后，应检查各电气仪表，待电流表指针稳定和正常后，方可正式开始工作。

10）电气设备应存放在干燥处，施工现场的各种电气设备闸刀箱均应有妥善的防雨、防潮设施，用水冲洗电动施工机械时，不允许将水冲到电气设备上，以免导线及电气设备因受潮而发生事故。

11）工作中如遇停电，应立即断开电源开关，并挂上“禁止合闸”警示牌。如需修理或保养机械，不仅要切断电源，拔下熔丝，还应在闸刀箱上加锁，并挂上“机械修理警告牌”。如需合闸，必须与检修人员联系妥当后，方可合闸送电。禁止带电检修运行中的电气设备或线路（高压带电作业除外）。

12）工作完毕后，应及时切断电源，锁好闸刀箱，方可离开现场。

13）手提行灯应使用36 V以下的安全电压，在特别潮湿的地方，如管道、水井、锅炉及金属容器内，均应使用12 V行灯，行灯变压器应是双线圈型，外壳及二次负极都应接地。

（3）安全检查要求

1）定期检查电气设备的绝缘是否符合规定，不应低于每伏1 000 Ω（如对地220 V，绝缘电阻应不小于0.22 MΩ）。如发现断路等情况，应及时排除。

2）绝缘导线不应有破损，带电部分不准外露，并严禁在地面或脚手架上拖拉电线，导线与电气设备的连接接头应紧固，并应经常检查，如发现松动应及时处理，电线穿墙必须用保护管，电线上严禁搭晒衣物及吊挂其他物件。

(4) 故障或事故处理要求

1）凡连续两次跳闸或熔丝熔断，都必须查明原因，排除故障后再合闸，不得强行送电。

2）如遇漏电失火时，应先切断电源，并用氯化碳和干粉灭火，严禁用水或其他灭火剂浇泼。

3）发生人身触电，应先切断电源，然后用人工呼吸法抢救。在电源未切断前，不得与触电者接触，以免再次发生触电事故。

2. 其他安全要求

对于可能涉及特殊用电的商贸服务企业，GB 3836.1—2010、GB/T 3805—2008、GB 3787—2006 中对于电气设备的操作与照明安全也做了相关规定。

(1) 存在可燃性气体的有限空间，所有的电气设备设施及照明应符合 GB 3836.1—2010 中的有关规定。实现整体电气防爆和防静电措施。

(2) 存在可燃性气体的有限空间内严禁使用明火照明和非防爆设备。

(3) 锅炉、金属容器、管道、密闭舱室等狭窄的工作场所，手持行灯额定电压不应超过 12 V。手持行灯应有绝缘手柄和金属护罩，灯泡的金属部分不准外露。

(4) 行灯使用的降压变压器应采用隔离变压器，安全电压应符合GB/T 3805—2008 中有关规定。行灯的变压器不准放在锅炉、加热器、水箱等金属容器内和特别潮湿的地方；绝缘电阻应不小于2 MΩ，并定期检测。

(5) 固定照明灯具安装高度距地面 2.4 m 及以下时，宜使用安全电压，安全电压应符合 GB/T 3805—2008 中有关规定。在潮湿地面等场所使用的移动式照明灯具，其安装高度距地面 2.4 m 及以下时，额定电压不应超过 36 V。

(6) 使用超过安全电压的手持电动工具作业或进行电焊作业时，应配备漏电保护器。在潮湿容器中，作业人员应站在绝缘板上，同时保证金属容器接地可靠。

(7) 手持电动工具应进行定期检查，并有记录，绝缘电阻应符合GB 3787—2006 中的有关规定。

第三节　仓储作业安全

一、仓储作业中的危险因素

仓储安全作业管理是指在商品进出仓库时进行的装卸、搬运、储存、保管等过程中，为了防止和消除伤亡事故，保障职工安全和减轻繁重的体力劳动而采取的措施。它直接关系到货物的安全、作业人员的人身安全、作业设备和仓库设施的安全。这些安全事项都是仓库的责任范围，所造成的损失 100％由仓库来承担，因而说仓储安全作业管理是经济效益管理的组成部分。

安全作业管理要从作业设备、场所和作业人员两方面进行管理：

一方面消除安全隐患、减小不安全的系统风险；另一方面提高作业人员的安全责任心和安全防范意识。

《生产过程危险和有害因素分类与代码》（GB/T 13861—2009）中所列出的危险要素大部分在仓储作业中都有所涉及，与之相关的概括起来有如下几个方面。

1. 物理性危险、有害因素

（1）设备、设施、工具、附件缺陷。主要包括：密封不良（指密封件、密封介质、设备辅件、加工精度、装配工艺等缺陷以及磨损、变形、气蚀等造成的密封不良），操纵器缺陷（结构、尺寸、形状、位置、操纵力不合理及操纵器失灵、损坏等），制动器缺陷，控制器缺陷，外形缺陷（设备、设施表面的尖角利棱和不应有的凹凸部分等），稳定性差（抗倾覆、抗位移能力不够，包括重心过高、底座不稳定、支撑不正确等）。

（2）防护缺陷。主要包括：无防护，防护装置、设施缺陷（防护装置、设施本身安全性、可靠性差，包括防护装置、设施、防护用品损坏、失效、失灵等），防护不当（防护装置、设施和防护用品不符合要求、使用不当，不包括防护距离不够），防护距离不够（布置、机械、电气、防火、防爆等安全距离不够和卫生防护距离不够等）。

（3）电危害。主要包括：带电部位裸露（人员易触及的裸露带电部位），漏电，静电和杂散电流，电火花。

（4）噪声危害。主要包括机械性噪声、电磁性噪声和流体动力性噪声。

（5）振动危害。主要包括机械性振动、电磁性振动和流体动力性振动。

（6）运动物危害。主要包括抛射物、飞溅物、坠落物、反弹物、料堆（垛）滑动等。

（7）信号缺陷。主要包括：无信号设施（应设信号处无信号，如无紧急撤离信号等），信号选用不当，信号位置不当，信号不清（信号量不足，如响度、亮度、对比度、信号维持时间不够等），信号显示不准（包括信号显示错误、显示滞后或超前等）。

（8）标志缺陷。主要包括无标志、标志不清晰、标志不规范、标志选用不当、标志位置缺陷。

（9）有害光照。主要包括直射光、反射光、眩光、频闪效应等。

2. 化学性危险、有害因素

化学性危险、有害因素主要包括：爆炸品，压缩气体和液化气体，易燃液体，易燃固体、自燃物品和遇湿易燃物品，氧化剂和有机过氧化物，有毒品，放射性物品，腐蚀品，粉尘与气溶胶。

3. 室内作业场所环境不良

（1）室内地面问题。主要包括：室内地面滑（室内地面、过道、楼梯被任何液体、熔融物质润湿，结冰或有其他易滑物等），室内作业场所狭窄，室内作业场所杂乱，室内地面不平。

（2）室内设施问题。主要包括：室内楼梯、阶梯、电动梯和活动梯架，以及这些设施的扶手、扶栏和护栏、护网等存在的缺陷。

（3）室内安全通道问题。主要包括：无安全通道、安全通道狭窄、不畅等，房屋安全出口具有缺陷（包括无安全出口、安全出口设置不合理等）。

（4）照明及空气质量问题。采光照明不良（照明度不足或过强、烟尘弥漫影响照明等），作业场所空气不良（自然通风差、无强制通风、风量不足或气流过大、缺氧、有害气体超限等)。

(5) 其他问题。主要包括：室内温度、湿度、气压不适，室内给、排水不良等。

4. 室外作业场地环境不良

(1) 气候与环境问题。主要包括风、极端的温度、雷电、大雾、冰雹、暴雨雪、洪水、浪涌、泥石流、地震、海啸等。

(2) 作业场地和交通设施问题。主要包括：铺设好的地面区域、阶梯、过道、道路、小路等被液体、熔融物质润湿，冰雪覆盖或有其他易滑物等，作业场地狭窄，作业场地杂乱，作业场地不平（不平坦的地面和路面，有铺设的、未铺设的、草地、小鹅卵石或碎石地面和路面)。

(3) 作业场地安全通道问题。主要包括：无安全通道，安全通道狭窄、不畅等，无安全出口、安全出口设置不合理等。

(4) 作业场地其他问题。主要包括：作业场地光照不良（光照不足或过强、烟尘弥漫影响光照等)，作业场地空气不良（自然通风差或气流过大、作业场地缺氧、有害气体超限等)，作业场地温度、湿度、气压不适等。

5. 行为性危险、有害因素

(1) 指挥错误。主要包括生产过程中的各级管理人员的指挥失误、违章指挥。

(2) 操作错误。主要包括误操作、违章作业、脱岗等违反劳动纪律的行为。

6. 其他危险、有害因素

(1) 强迫体位。主要是指生产设备、设施的设计或作业位置不符合人类工效学要求而易引起作业人员疲劳、劳损或事故的一种作业姿势。

(2) 综合性作业环境不良。显示有两种以上作业环境致害因素且不能分清主次的情况。

二、仓储作业安全操作要求

从作业人员、作业机械设备和储存商品免受损害的角度分析，仓储安全作业的基本要求，就是按照规范操作，注意安全防护。具体地说，对仓储安全作业的要求是因操作方式的不同而有所不同的。一般是按照人工作业方式和机械作业方式这两种常规的仓储作业方式，对仓储安全作业的相关要求进行细化。

仓储安全作业的基本要求包括人力作业和机械作业两方面内容。

1. 人力作业的安全操作要求

由于人工作业方式受到作业人员的身体素质、精神状况和感知能力、应急能力等多种因素的影响，因此必须做好作业人员的安全作业管理工作，具体要求如下：

(1) 在合适的作业环境和负荷条件下进行作业。人工作业现场必须排除损害作业人员身心健康的因素；对于存在潜在危险的作业环境，作业前要告知作业人员，让其了解作业环境，尽量避免作业人员身处或接近危险因素和危险位置；人力作业仅限制在轻负荷的作业，同时要不超负荷作业，人力搬运商品时要注意商品标重，一般来说，男性员工不得搬运超过 80 kg 的商品，女性员工搬运负荷不得超过 25 kg，集体搬运时每个人的负荷不得超过 40 kg。

尽可能采用人力机械作业。人力机械承重也应在限定的范围内，如人力绞车、滑车、拖车、手推车等不超过 500 kg。

(2) 做好作业人员的安全防护工作。作业前应使作业员工清楚明白作业要求，让员工了解作业环境，指明危险因素和危险位置。作业人员要根据作业环境和接触的商品性质，穿戴相应的安全防护用具，携带相应的作业用具，按照规定的作业方法进行作业；不得使用自然滑动、滚动和其他野蛮作业方式；作业时注意人工与机械的配合；在机械移动作业时人员需避开移动的商品和机械。

作业现场必须设专人指挥和进行安全指导。安全人员要严格按照安全规范进行作业指挥；指导人员避开不稳定货垛的正面、运行起重设备的下方等不安全位置进行作业；在作业设备调整时应暂停作业，适当避让；发现作业现场存在安全隐患时，应及时停止作业，消除隐患后方可恢复作业。

(3) 合理安排作息时间。为保证作业人员的体力和精力，每作业一段时间应作适当的休息，如每作业 2 h 至少有 10 min 休息时间，每 4 h 有 1 h 休息时间，还要合理安排吃饭、喝水等生理活动的时间。

2. 机械作业的安全操作要求

机械安全作业管理的内容主要是注意机械本身状况及可能对商品造成的损害。具体要求如下：

(1) 使用合适的机械、设备进行作业。尽可能采用专用设备作业，或者使用专用工具。使用通用设备，必须满足作业需要，并进行必要的防护，如货物绑扎、限位等。

(2) 在机械设备设计负荷许可的范围内作业。作业机械设备不得超负荷作业；危险品作业时还需减低 25%的负荷作业；所使用的设备应无损坏，特别是设备的承重机件更应无损坏，符合使用的要求，不得使用运行状况不好的机械设备作业。

(3) 机械设备操作安全。设备作业要有专人进行指挥。采用规定的指挥信号，按作业规范进行作业指挥。移动吊车必须在停放稳定后方可作业。叉车不得直接叉运压力容器和未包装货物；移动设备在载货时需控制行驶速度，不可高速行驶。货物不能超出车辆两侧 0.2 m，禁止两车共载一物。载货移动设备上不得载人运行。

三、常见仓储作业事故预防

常见仓储作业事故的主要类型有三种。

1. 搬运机械事故

仓储作业中，利用铲车、叉车、堆高机等机械进行作业时发生事故较多。例如：2004 年 6 月 28 日，某仓储运输有限公司仓库一辆电瓶叉车的喇叭坏了，一名维修工去维修，移动叉车的电瓶后，进入叉车电瓶与驾驶室之间的空挡维修。叉车司机突然上车启动按键使移动的电瓶复位，将维修工挤压在电瓶与驾驶室之间，当场身亡。2005 年 1 月 12 日，在某物流公司仓库内，一铲车驾驶员驾驶 5 t 铲车倒行时，将在铲车右后方打扫场地的一名工人撞成重伤。2006 年 6 月 19 日，在某物流有限公司仓库门前，一名 32 岁男工人使用移动式液压手推铲车出货时，由于操作不当，铲车倾翻，男工人被压身亡。

类似案例还有很多。一般来说，仓储作业中的搬运机械伤害事故多数是企业追求效益，违章指挥，违规使用机械设备，冒险蛮干或者是规章制度不健全等所致，做好预防工作可从如下几点入手：

(1) 工作前做好准备工作

1) 工作前应检查装卸地点及道路情况，清除周围障碍物，保证在安全环境下工作。装卸物品必须用跳板搭桥时，应选用强度高、质量好的跳板，并安置牢固。

2）作业前应检查所使用的机械和工具，若有损坏，应修好后再使用。

（2）作业中遵守操作规程。装卸工在进行随车装卸、起重作业、装卸货车时，应遵守相应的安全操作规程及有关规定。人力装卸搬运时的注意事项如下：

1）物件应轻拿轻放，禁止乱摔乱砸。

2）多人同时搬运货物时，要协同动作，专人指挥，防止砸伤手脚。

3）在采用滚卷法装卸车时，重物可能滚下的地方不得有人；用滚杠搬运重物时，应由专人指挥，摆放滚机要防止滚杠压手。

4）装卸易燃易爆物品时，严禁随身带火柴、打火机及作业时吸烟；装卸有毒物品及有粉尘材料时，要穿戴好防护用品。

5）在装卸成堆物品时，要防止货物倒塌伤人。

6）装车后应牢固封车，途中应经常检查是否松动；卸车后物件应堆放整齐。

（3）装卸物件时的注意事项

1）超长物件应捆绑两点，且要牢固可靠，并调整好绳扣捆绑位置，使物件水平起吊。应防止绳扣交叉捆吊。

2）使用管子拖车或装车架装运超长物件时，要摆放平稳均匀，防止偏重。封车要牢固可靠。

3）起吊保温管、绝缘管时，绳扣应套胶皮管，防止钢绳勒坏保温、绝缘层。拉运、堆放时应用软性垫具垫好，禁止用硬物垫隔，禁止用撬棍撬保温、绝缘层。

4）卸车后应按规格型号分别堆放。堆放要稳当，防止下滑或倾倒。

（4）使用移动带式运输机时的注意事项

1）先空转，无异常情况时方可正式装料。数台机器串联使用，必须全部运转正常后装料。必须等传送带上的物料全部卸完后方可停车。

2）运转中不许人从下面钻过或从传送带上面跨过。

3）工作中随时注意传送带是否跑偏，发生时立即纠正。

4）修理、保养工作不得在运行中进行。

2. 火灾

为了做好仓储火灾事故预防，应严格按照《中华人民共和国消防法》的要求，认真履行消防安全管理职责，加强日常的消防安全管理。

（1）建立仓库防火责任制。仓库防火安全工作实行仓库、科室（班组）以及岗位责任人逐级负责制。

1）仓库防火责任人职责

①组织学习贯彻消防法规，完成上级部署的消防工作。

②组织制定电源、火源、易燃易爆物品的安全管理和值班巡逻制度，落实逐级防火责任制和岗位责任制。

③组织对职工进行消防宣传、业务培训和考核，提高职工的安全素质。

④组织开展防火检查，消除火灾隐患。

⑤领导组织专职、义务消防队和专职、兼职消防人员，制定灭火应急方案，组织扑救火灾。

⑥定期总结消防安全工作，实施奖惩。

2）班组防火责任人职责

①负责本班组防火安全工作，认真执行有关消防安全制度、规定。

②组织学习防火知识、文件，检查岗位消防责任制和操作规程执行情况，并经常检查消防设备、器材的养护情况。

③发现违章行为应及时制止，发现火灾隐患，应及时采取防范措施，同时向单位领导汇报。

④安排好值班、值宿。

3）岗位防火责任人职责

①严格执行各项安全制度和操作规程，对存在的不安全因素，应及时排除，解决有困难的，应向领导汇报，请领导提出解决意见。

②负责本责任区内的安全，下班时做到关闭门窗，拉闸断电，消除火种、废纸、包装等易燃物，做好交接班。

③认真学习防火、灭火知识，积极参加消防训练和各项安全活动。

④发现着火时，要及时扑救，并立即报警。

⑤值班门卫人员做好进出库区人员、车辆登记和对外来人员的防火宣传工作。

（2）加强对火源的管理

1）商业仓库应当设置醒目的防火标志，对火源要严加管理。仓库内严禁吸烟和使用明火。职工、外来人员和机动车辆入库，必须收留火种，禁止带入库区。进入棉麻、鞭炮、化工危险品等库区及其他火灾危险性大的库区、货场的车辆必须戴防火罩。仓库区周围 50 m

内严禁燃放烟花爆竹。

2）库区如确需临时动用明火作业，必须经防火责任人或有关主管部门批准，并落实安全防范措施，指定专人监护现场，作业结束要认真检查，不得留有火种。

3）仓库生活区安装、使用固定火源，必须符合安全规定，经防火责任人批准，指定专人管理，备有消防器材，做到人离火灭，对各种用火设备要定期检查、维修。

4）经批准设置的火源不准用易燃液体引火，不准在火源附近堆放易燃物，不准靠近火源烘烤衣物。从炉内取出的炽热灰烬必须用水浇灭后，倒在指定的安全地点。

5）商品入库应认真检查是否带有火种，特别对草包、纸包、棉包、布包类商品更要严格检查或隔离观察，如发现可疑，应在安全地点开包检验。

（3）加强电源的管理

1）仓库生产、生活、库区照明用电线路必须分开，电线和电气设备必须由持有合格证的电工安装、检查、保养维修。不准乱拉临时电线，不准超负荷作业，禁止使用不合格的装置和漏电保护装置。

2）库房内不准设置移动式照明灯具，照明灯头应装在通道上方，堆码商品必须与灯头保持 50 cm 以上水平距离，工作完毕切断电源。

3）每年定期对电线进行绝缘测试，发现电线老化、破损、绝缘不良，可能引起打火、短路等不安全因素，必须及时更新、维修。架空电线线路的下方严禁堆放物品。对各种电气设备、避雷装置要按时检测维修。对各种机械、机具易产生火花的部位要设防火装置。

4）库房内不准使用碘钨灯和超过 60 W 的白炽灯等高温照明灯

具及各种电气设备。储存粮食、食糖、烟草、中药材等商品的库房，因工作、生产确需使用去湿机、干燥器、电熨斗、电烙铁等电气设备时，必须经单位防火责任人批准，并采取相应的安全措施。当使用日光灯低温照明灯具和其他防燃型照明灯具时，应当对镇流器采取隔热、散热等防火保护措施，确保安全。

5）库内铺设的配电线路，需套金属管或用非燃硬塑料管保护。每个库房应在库房外单独安装开关箱，并做到防雨防潮。对灰尘较多的部位必须使用防尘、防爆灯泡和保险开关，要做到人离电断。

（4）做好事故应急处理工作

1）仓库一旦发生火灾应立即组织职工奋力扑救，同时迅速报警，指定专人保护现场。

2）发生火灾事故应立即用电话、电报报告上级部门，同时主动配合公安消防部门查清原因，查清肇事人和责任人，写出书面报告。对有意隐瞒火灾事故不报者，要追究责任，严肃处理。

3）发生火灾事故，必须按照“事故原因分析不清不放过，事故责任者和群众没有受到教育不放过，没有防范措施不放过，防范措施不落实不放过”，即“四不放过”的原则，进行严肃处理。

3. 危化品毒害爆炸事故

危险化学品的存储相比一般的商品来说需要更为严格和科学的管理措施，以免由于储存方式的不当造成不必要的损害。危险化学品即化学品中化学性质活泼，具有易燃、易爆、有毒、有害及腐蚀性等特性，会对人员、设施、环境、商品造成损害的物品。根据危险化学品的品种特性，危险化学品的储存方式必须实施隔离储存、隔开储存、分离储存；需要根据危险化学品的性能分区、分类、分库储存。各类危化品不得与禁忌物料混合储存，灭火方法不同的危险化学品不能同库储存等。仓储人员必须熟悉危险化学品的分类和特性，才能采取合理、科学的储存方式。

第四节 物流安全

一、货物运输中的安全问题

运输是大部分物流企业所必须涉及的一个重要环节，运输环节所面临的安全问题在物流安全问题上占有很大的比重。货物运输中的安全问题包括：企业规章制度不健全；驾驶员超速行驶或者疲劳驾驶而诱发重特大交通事故；常规货物在运输过程中对人员造成的机械伤害；危险货物在运输过程中，由于其爆炸、易燃、毒害、腐蚀等特性，造成职业伤害、人身伤亡、财产毁损和环境污染事故等。分析其原因，归纳起来包含如下几方面：

1. 人的因素

从事货运工作人员，如驾驶员、押运员、装卸管理人员，其中有不少人法律意识淡薄，文化素质低。

从业人员对危险化学品相关的法律法规知识了解很少，有的根本没有这方面的知识，违章运输，甚至非法运输；对所装运的危险化学品的危险性也知之甚少，有的甚至一点常识都没有。一旦货物发生泄漏或引起火灾等事故不知如何处置，不能在第一时间采取有效措施，制止事态扩大。还有些驾驶员、押运员责任心和安全保护意识不强，对有关危险化学品安全运输的规定缺乏了解；司机疲劳驾驶，盲目开快车，强行会车、超车，过铁路岔口、桥梁、涵洞时不减速，甚至酒后驾车。这些都极容易引起撞车、翻车事故。还有的装卸人员违反操作规程野蛮装卸，不按规定装卸，都容易导致事故发生，造成灾难。

2. 车辆的因素

装运货物的车辆，特别是装运危险化学品车辆的安全状况是引起事故的一个重要因素，车辆的性能状况是货物安全运输的基础，如果状况不好会严重影响行车安全，导致事故发生。1997 年 2 月 25 日，一辆装有 156 坛溴素的拖挂车在浙江省绍兴嵊州三界地段，由于连接挂车的套杆突然断裂，使车上 40 多坛溴素当场破裂，引起周围群众中毒，造成环境污染。

3. 客观因素

交通事故的发生，很多时候与一些客观因素有关，如与道路状况就有直接或间接的关系：当汽车通过地面不平整的道路时会剧烈振动，使汽车机件损坏，还会使所载危险化学品的包装容器之间发生碰撞而损坏；在泥泞的道路上，在山道、弯道较多的路段都容易发生侧滑而引发事故。天气状况也直接影响危险化学品的安全运输，大雨天、大雾天或冰雪天都容易因为天气状况不好、视线不清、路滑造成车辆碰撞或翻车而引发事故。

4. 装运条件因素

运输危险化学品的装运条件如包装、配装货物等因素对事故发生也有影响。危险化学品包装是保证产品质量不发生变化、数量完整的基本要求，也是防止储存运输过程中发生着火、腐蚀等灾害性事故的重要措施，是安全运输的基本条件之一。但在实际工作中由于包装容器强度不够，或者包装衬垫材料选用不当，可能导致容器破损，化学物料泄漏，引发事故。在配装货物时，将性质相抵触的危险化学品同装在一辆车上，或者将灭火方法、抢救措施不同的物品混装在一起，万一发生泄漏就有可能因为混装而引发更大的灾难。

二、交通运输工具的管理和使用

针对货物运输中的安全问题，应加强对交通工具的管理和使用。

1. 建立车辆技术管理制度

道路货物运输单位应当建立车辆技术管理制度，按照国家规定的技术规范对货运车辆进行定期维护，确保货运车辆技术状况良好。货运车辆的维护作业项目和程序应当按照《汽车维护、检测、诊断技术规范》（GB/T 18344—2001）等有关技术标准的规定执行。

2. 定期检测车辆

道路货物运输单位应当定期进行货运车辆检测，在规定时间内，到符合国家相关标准的机动车综合性能检测机构进行检测。机动车综合性能检测机构按照《营运车辆综合性能要求和检验方法》（GB 18565—2001）和《道路车辆外廓尺寸、轴荷和质量限值》（GB 1589—2004）的规定进行检测，出具全国统一式样的检测报告。并依据检测结果，对照行业标准《营运车辆技术等级划分和评定要求》（JT/T 198—2004）评定车辆技术等级。

县级以上道路运输管理机构应当定期对货运车辆进行审验，每年审验一次。审验内容包括车辆技术档案、车辆结构及尺寸变动情况和违章记录等。审验符合要求的，道路运输管理机构在道路运输证审验记录中注明；不符合要求的，应当责令限期改正或者办理变更手续。

3. 车辆具备安全性能

机动车综合性能检测机构应当使用符合标准的设施、设备，严格按照国家有关运营车辆技术检测标准对货运车辆进行检测，对出具的车辆检测报告负责，并对已检测车辆建立检测档案。禁止使用报废的、擅自改装的、拼装的、检测不合格的和其他不符合国家规定的车辆从事道路货物运输经营。

4. 建立技术和管理档案

道路货物运输单位应当分别建立货运车辆技术档案和管理档案，并妥善保管。对相关内容的记载应当及时、完整和准确，不得随意更改。道路货物运输单位车辆技术和管理档案的主要内容为：车辆基本情况、主要部件更换情况、修理和二级维护记录（含出厂合格证）、技术等级评定记录、车辆变更记录、行驶里程记录、交通事故记录等。

道路货物运输车辆办理过户变更手续时，道路货物运输单位应当将货运车辆技术和管理档案完整移交。县级以上道路运输管理机构对车辆技术和管理档案情况实施监督管理。

道路货物运输单位对达到国家规定的报废标准或者经检测不符合国家强制性标准要求的货运车辆，不得让其继续从事道路货物运输经营。

5. 危险货物运输的安全要求

禁止使用报废的、擅自改装的、检测不合格的、车辆技术等级达不到一级的和其他不符合国家规定的车辆从事道路危险货物运输。除铰接列车、具有特殊装置的大型物件运输专用车辆外，严禁使用货车列车从事危险货物运输。

专用车辆应当到具备道路危险货物运输车辆维修条件的企业进行维修。用于装卸危险货物的机械及工属具的技术状况应当符合《汽车运输危险货物规则》（JT 617—2004）规定的技术要求。不得使用罐式专用车辆或者运输有毒、腐蚀、放射性危险货物的专用车辆运输普通货物。

其他专用车辆可以从事食品、生活用品、药品、医疗器具以外的普通货物的运输活动，但应当对专用车辆进行消除危险处理，确保不对普通货物造成污染、损害。危险货物不得与普通货物混装。

专用车辆应当按照《道路运输危险货物车辆标志》（GB 13392—2005）的要求悬挂标志。专用车辆应当根据所运危险货物的性质配备必需的应急处理器材和安全防护设施设备。

三、货物运输中的事故预防

货物运输过程中容易发生事故，而事故的发生与人的因素有很大的关系，所以做好货物运输中事故的预防要从规章制度制定、人员操作管理、安全监督监察等几个方面入手。此外，在进行危险化学品运输时，所有企业、工厂要针对危险化学品的种类及危险性，组织驾驶员、押运员等进行专门学习，使其熟练掌握本系统经常接触到的危险化学品的危险性等知识及安全运输的具体要求，万一发生事故应知道如何采取措施，尽可能降低灾害的危害程度。还应组织这类人员学习必要的劳动保护知识，加强自我保护意识。

从事货物运输的工作人员要做到以下几点：

1. 遵守操作规程

（1）严格遵守安全生产法律法规及工作规范，严肃安全生产操作规程，落实各项安全生产工作制度，组织开展安全生产活动和安全知识学习，提高全员安全生产意识。

（2）道路运输驾驶人员要做到“八不”。即不超载超限、不超速行车、不强行超车、不开带病车、不开情绪车、不开急躁车、不开冒险车、不酒后开车。保证精力充沛，谨慎驾驶，严格遵守道路交通规则和交通运输法规。

（3）装货时严查超载和擅自装载危险品。

（4）采取必要措施，防止货物脱落、遗撒等。

（5）做好危险路段记录并积极采取应对措施，特别注意山区道路行车安全，要做到“一慢、二看、三通过”。

2. 遵守法规要求

（1）不运输法律、行政法规禁止运输的货物，法律、行政法规规定必须办理有关手续后方可运输的货物，应当按规定查验有关手续，符合要求的方可承运。

（2）保持车辆良好的技术状况，不擅自改装运营车辆。

（3）驾驶员要定期做健康体检及心理的职业适应性检查。

3. 定期检查安全状况

（1）做好出车前、停车后的准备、检查工作，确保行车安全，发现隐患要及时修复后方可出车。

（2）定期检查车辆的安全装置、灯光信号、证件。

（3）定期检查消防设施是否安全有效。

4. 做好应急和事故处理工作

（1）制定事故应急预案。

（2）发生事故时，应立即停车、保护现场、及时报警、抢救伤员和货物财产，协助事故调查。

第五节　其他突发事件的处理

一、盗窃事件的处理

盗窃罪是指以非法占有为目的，秘密窃取数额较大的公私财物或者多次秘密窃取公私财物的行为。我国《刑法》规定：盗窃公私财物，数额较大或者多次盗窃的，处三年以下有期徒刑、拘役或者管制，并处或者单处罚金；数额巨大或者有其他严重情节的，处三年以上十年以下有期徒刑，并处罚金；数额特别巨大或者有其他特别严重情节的，处十年以上有期徒刑或者无期徒刑，并处罚金或者没收财产。

盗窃事件是商贸服务企业中的常见突发事件，如果处置不当就会演化为抢劫等暴力事件，造成人员伤亡，对于此类事件应根据不同情况做出不同的选择。

1. 发现窃贼正在行窃中

发现窃贼正在行窃中，安全员可采取下列措施：

(1) 盗窃分子能及时制服时，可先制服后通报；如不能制服时要及时上报保安部经理、物业管理办公室主任；必要时，可由现场最高指挥人员拨打“110”报警。发现有盗窃情况报告时，要说明盗窃分子的大概人数及有无携带凶器。

(2) 若发现人（营销人员、部门值班人）与窃贼同在一个建筑物内，在可能的情况下，发现人（营销人员、部门值班人）可离开建筑，将窃贼反锁在建筑物内。

(3) 抓住盗窃分子要首先检查犯罪分子身上是否携带凶器，以免盗窃分子用凶器伤人或逃脱，随后交公司处理。

(4) 盗窃分子、凶器及盗窃财物一律交保安部处理，不得私藏。

(5) 盗窃现场要派专人保护，直到保安部处理完毕。同时，要加强警力和警戒。

2. 发生盗窃案件后

发现被盗事故立即采取措施，保护现场，并迅速向公安部门报案，会同公安人员到现场检查、处理。未经检查确认前，应保留原来状况。

货物运输时，发现被盗，应检查车辆或货物包装破坏状态及短少货物的具体情况，注意发现可疑的遗留物，寻找有关破案线索。编制货运记录，由公安人员在记录上签章。遇有整零车内多批货物被盗，散落物品无法判明是何批货物时，应将这些散落物品列出清单，编制货运记录，向有关站送查，必要时分别向被盗货物的到站回送，由到站会同收货人认领。

二、诈骗事件的处理

商业欺诈是指在市场交易、投资、服务过程中，通过虚构隐瞒事实、发布虚假信息、签订虚假合同以及夸大宣传等手段，误导、欺骗单位和个人，骗取钱财和各种物质利益，破坏市场经济秩序，损害人民群众合法权益的行为，是违背诚实信用原则，以牟取利益为目的，以欺骗为手段的不正当竞争行为。从法律上讲商业欺诈是指一方当事人故意告知对方虚假情况，或故意隐瞒真实情况，诱使对方当事人做出错误的表示。通俗地说，就是用虚假的情况引诱对方做出错误的判断。

1. 商业欺诈的主要表现

商业欺诈的主要表现形式有合同欺诈、广告欺诈、价格欺诈、服务欺诈、包装欺诈等。

促销中的商业欺诈更是具有较大的迷惑性。然而从商业欺诈的概念、构成要件和特点来看，商业促销中存在的商业欺诈行为形式多样。具体表现形式如下：

（1）销售掺杂、掺假，以假充真，以次充好的商品；不以真实名称和标记销售商品。

（2）采取虚假或者其他不正当手段导致商品分量不足。

（3）销售处理品、残次品、等次品等商品而谎称是正品。

（4）以虚假的清仓价、甩卖价、最低价、优惠价或者其他欺诈性价格销售商品；以虚假的有奖销售、还本销售等方式销售商品。

（5）采取雇用他人等方式进行欺骗性的销售诱导，作虚假的现场演示和说明。

2. 应对商业欺诈的措施

应对商业欺诈的基本策略要做到“四个结合”。

（1）事前防范与事后惩治相结合，以事前防范为主。

（2）普及教育与专门治理相结合，以普及教育为主。

（3）重点防范与普遍防范相结合，以重点防范为主。

（4）知识应用与技术应用相结合，以知识应用为主。

商贸服务诈骗事件，形形色色，千奇百怪，要做到一一预防是十分困难的事情。对于诈骗事件，总的处理原则是：第一，不轻信；第二，多咨询；第三，早报警。

三、抢劫事件的处理

抢劫是行为人对公私财物的所有人、保管人、看护人或者持有人当场使用暴力、胁迫或者其他方法，迫使其立即交出财物或者立即将财物抢走的行为。所谓暴力，是指行为人对被害人的身体实施打击或者强制。较为常见的有殴打、捆绑、禁闭、伤害，直至杀害。所谓胁迫，是指行为人对被害人以立即实施暴力相威胁，实施精神强制，使被害人恐惧而不敢反抗，被迫当场交出财物或任财物被劫走。所谓其他方法，是指行为人实施暴力、胁迫方法以外的其他使被害人不知反抗或不能反抗的方法。

抢劫事件也是商贸活动中常见的易发事件，对于此类事件的处理应分为两种情形。

1. 抢劫实施中

面对抢劫行为，安全员可采取下列措施：

（1）一般情况。安全员应立即启动应急处置预案，迅速拨打“110”报警，准确报告事故发生地点及概况，并向指挥部报告，同时进行先期处置，组织其他安全人员及职工用可用做防护武器的器物作为防护和打击工具，对歹徒进行威慑，尽量拖延时间，等待公安人员到来。

（2）紧急情况。安全员应立即启动应急处置预案，立即拨打“110”报警，准确报告事故发生地点及概况，沉着冷静地应对危急情况，避免无谓的牺牲。

2. 抢劫实施后

发生抢劫事件之后，应当尽量将犯罪嫌疑人的体貌特征辨认清楚，牢记在心，并及时拨打“110”报警，在条件允许的情况下，最好能够当场抓获其中一名犯罪嫌疑人。要保持现场原状，组织人员维护现场，同时报告有关部门进行现场勘验。对有关案件信息要做好记录。此时单位各部门电话必须有人看守，案件情况不宜在单位内传播。

抢劫事件处理时应注意的问题如下：

第一，发生抢劫案件，所有措施都要在充分保护受害人人身安全的前提下进行。

第二，事故当事人要沉着冷静。

第四章 职业健康知识

第一节 职业危害与职业病预防

一、职业危害因素与职业病

1. 职业危害因素

职业危害因素就是生产劳动过程中，存在于作业环境中的、危害劳动者健康的因素。按其来源可分为三类。

（1）生产过程中产生的有害因素。包括原料、半成品、产品、机械设备等产生的工业毒物、粉尘、噪声、振动、高温、辐射及污染性因素等。

（2）劳动组织中的有害因素。包括作业时间过长、作业强度过大、劳动制度不合理、长时间处于不良体位、个别器官或系统过度紧张、使用不合理的工具等。

（3）与卫生条件和卫生技术设施不良有关的有害因素。包括生产场所设计不符合卫生标准和要求，如露天作业的不良气候条件、厂房狭小、作业场所布局不合理、照明不良等；缺乏有效的卫生技术设施或设施不完备，以及个体防护存在缺陷等。

2. 职业病

从广义上讲，职业病是指作业者在从事生产活动中，因接触职业性危害因素而引起的疾病。但从法律意义上讲，职业病是有一定范围的，仅指由政府部门或立法机构所规定的法定职业病。2002 年卫生部颁布的职业病目录规定的法定职业病为十大类 115 种。其中，尘肺（13 种）、职业性放射性疾病（11 种）、职业中毒（56 种）、物理因素所致职业病（5 种）、生物因素所致职业病（3 种）、职业性皮肤病（8 种）、职业性眼病（3 种）、职业性耳鼻喉口腔疾病（3 种）、职业性肿瘤（8 种）、其他职业病（5 种）。

二、职业中毒及其预防

1. 生产性毒物进入人体的途径

生产性毒物主要是经呼吸道和皮肤进入人体的。

呼吸道由鼻咽部、气管、支气管和肺部组成，气体（如氯、氨、一氧化碳、甲烷等）、蒸气（如苯蒸气等）和气溶胶（如农药雾滴、电焊烟尘等）形态的毒物可经呼吸道进入人体。呼吸道是毒物进入人体最常见、最重要的途径。

皮肤是人体的最大器官，包括毛发、指（趾）甲等。毒物可以通过不同方式经皮肤吸收，引起局部的损害或全身性中毒症状。

2. 职业中毒的类型

职业病按其发病的快慢一般分为急性职业中毒和慢性职业中毒两种类型。

急性职业中毒指人体在短时间内受到较高浓度的生产性有害因素的作用，而迅速发生的疾病，具有起病急、变化快、病情重等特点。急性职业中毒以化学物质中毒最为常见，主要由于违反操作规程或意外事故所引起。

慢性职业中毒是作业人员在生产环境中，长期受到一定浓度（超过国家规定的最高允许浓度标准）的生产性有害因素的作用，经过数月、数年或更长时间缓慢发病。相对于急性职业中毒而言，慢性职业中毒具有潜伏期长、病变进展缓慢、早期临床症状较轻等特点。

3. 常见的职业中毒

（1）铅作业及铅中毒。铅冶炼对人体产生的危害最大，熔铅、铸铅及修理蓄电池都可接触铅；由于铅化合物多具有特殊颜色，常用于油漆工业；在砂磨、刮铲、焊接、熔割时可产生铅烟、铅尘；此外，陶瓷、玻璃、塑料等工业生产中也会接触铅烟、铅尘。铅中毒可引起肝、脑、肾等器官发生病变。因接触的剂量不同，可出现急性中毒或慢性中毒症状。

（2）苯作业及苯中毒。生产中接触苯的作业主要有喷漆、印刷、制鞋、橡胶加工、香料等。苯及其化合物是以粉尘、蒸气的形态存在于空气中，可经呼吸道和皮肤吸收。特别是夏季，皮肤出汗、充血，更能促进毒物的吸收。急性苯中毒主要损害中枢神经系统，一些中毒者还可发生化学性肺炎、肺水肿及肝肾损害；慢性苯中毒主要损害造血系统及中枢神经系统。

（3）窒息性气体中毒。窒息性气体的主要致病原因是肌体缺氧，急性缺氧可引起头痛、情绪改变，严重的可导致脑细胞坏死及脑水肿。常见的窒息性气体中毒如下：

1）一氧化碳中毒。发生在煤、油料燃烧不充分时以及煤气制造、金属冶炼等作业场所。轻度中毒者出现剧烈头痛、头晕、心悸、恶心呕吐、乏力等症状；重度中毒者表现为无意识、昏迷，甚至呼吸衰竭，伴有脑水肿、严重心肌损害。

2）硫化氢中毒。多发生在石油开采和炼制、化纤及造纸生产中，在清理粪池、下水道、垃圾时，也可发生硫化氢中毒。轻度中毒症状为眼及上呼吸道刺激症状；接触高浓度的硫化氢可立即昏迷、死亡，称为“闪电型”死亡。

3）二氧化碳中毒。多发生于汽水、啤酒制造作业中，不通风的发酵池、地窖、粮仓等处会产生大量二氧化碳。常为急性中毒，几秒内即迅速昏迷，若不能及时救出可致死亡。

4. 职业中毒的预防

职业中毒是一种人为的疾病，采取合理有效的措施，可使接触毒物的作业人员避免中毒。

首先，根除毒物或降低毒物浓度，如用无毒或低毒物质代替有毒或剧毒物质。但不是所有毒物都能找到无毒、低毒的代替物，因此在生产过程中控制毒物浓度的措施很重要，如采取密闭生产和局部通风排毒的方法，减少接触毒物的机会；合理布局工序，将有害物质发生源布置在下风侧。

其次，做好个体防护，这是重要的辅助措施。个体防护用品包括防护帽、防护眼镜、防护面罩、防护服、呼吸防护器、皮肤防护用品等。毒物进入人体的途径，除呼吸道、皮肤外，还有口腔。因此，作业人员不要在作业现场内吃东西、吸烟，班后应洗澡，不要将工作服穿回家。

三、粉尘的危害及尘肺的预防

1. 生产性粉尘的来源

生产性粉尘是指在生产中形成的、并能长时间漂浮在作业场所空气中的固体颗粒。生产性粉尘的来源非常广，如机械制造工业中的原料破碎、清砂，玻璃、水泥、陶瓷等工业的原料加工等。这些工艺操作中主要产生无机性粉尘，包括矿物性粉尘（如石英、滑石、煤等）、金属性粉尘（如铅、锰、铁等）和人工无机性粉尘（如水泥、玻璃纤维等）。在皮毛、纺织、化学等工业的原料处理过程中，会产生有机粉尘，包括动物性粉尘（如皮毛、骨粉等）、植物性粉尘（如棉、麻、面粉、木材等）和人工有机性粉尘（如炸药、人造纤维等）。

在生产环境中，单一粉尘存在的情况较少，大多数情况是两种以上粉尘混合存在。

2. 粉尘引起的职业病

生产性粉尘根据其理化特性和作用特点不同，可引起不同的疾病。

（1）呼吸系统疾病。长期吸入不同种类的粉尘可导致不同类型的尘肺病或其他肺部疾患。我国按病因将尘肺病分为 13 种，并作为法定尘肺列入职业病名单目录。它们是矽肺、煤工尘肺、石墨肺、碳黑尘肺、石棉肺、滑石尘肺、水泥尘肺、云母尘肺、陶工尘肺、铝尘肺、电焊工尘肺、铸工尘肺、其他尘肺。

（2）中毒。吸入铅、锰、砷等粉尘，可导致全身性中毒。

（3）呼吸系统肿瘤。石棉、放射性矿物、镍、铬等粉尘均可导致肺部肿瘤。

（4）局部刺激性疾病。如金属磨料可引起角膜损伤、混浊，沥青粉尘可引起光感性皮炎等。

3. 预防尘肺病的措施

消除或降低粉尘是预防尘肺病最根本的措施。通过革新生产设备，实现自动化作业，避免操作人员接触粉尘；采用湿式作业，可在很大程度上防止粉尘飞扬，降低作业场所粉尘浓度；对不能采用湿式作业的场所，应采用密闭抽风除尘方法。

作业中接触粉尘的人员，在作业现场防尘、降尘措施难以使粉尘浓度降至符合作业场所卫生标准的条件下，一定要佩戴防尘护具。防尘效果较好的有防尘安全帽、送风口罩等，适用于粉尘浓度较高的环境；在粉尘浓度较低的环境中，佩戴防尘口罩有一定的预防作用。

四、防止噪声与振动对人体健康的损害

1. 噪声与振动对人体的危害

（1）噪声。生产过程中，由于机器转动、气体排放、工件撞击与摩擦所产生的声音，其频率和强度没有规律，听起来使人感到烦躁，称为生产性噪声或工业噪声。使用各种风动机械的操作人员、纺织工、拖拉机手等都是在强烈噪声的环境中作业。

噪声对人体的影响是多方面的。主要是对听觉器官的损害，长时间接触一定强度的噪声，会引起听力下降和噪声性耳聋；此外对神经系统、心血管系统及全身其他器官也有不同程度的影响，可出现头痛、头晕、睡眠障碍等病症，长期接触较强的噪声可引起血压持续升高，还可出现胃肠功能紊乱、胃蠕动减慢等变化。

从安全方面来看，在噪声的干扰下，人们会感到烦躁，注意力不集中，反应迟钝，不仅影响工作效率，而且降低了对事故隐患的判断处理能力。在车间或矿井等作业场所，噪声的影响掩盖了异常信号或声音，容易发生伤亡事故。

（2）振动。生产过程中，生产设备、工具产生的振动称为生产性振动。产生振动的机械设备主要有锻造机、冲压机、压缩机、振动筛、打夯机、振动送风带等。而作业人员接触较多、危害较大的振动是振动性工具产生的振动，长时间使用这些工具会造成手臂振动，目

前国家已将局部振动病列为法定职业病。

造成手臂振动的生产作业主要有：锤打作业，如打桩工、捣固工、铆钉工等；手持转动工具作业，如风钻、电锯、电钻、喷砂机等；驾驶运输与农业机械，如收割机、脱粒机、拖拉机等。

长期受外界振动的影响可引起振动病。按振动对人体作用方式不同，分为全身振动和局部振动。强烈的全身振动，可使交感神经处于紧张状态，出现血压升高、心率加快、胃肠不适等症状。全身振动引起的这些功能性改变，在脱离振动环境和休息后，多能自行恢复。局部振动病或称手臂振动病，是由于长期接触过量的局部振动，引起手部末梢循环或手臂神经功能障碍。该病的典型表现是手指发白（白指症），并伴有麻、胀、痛的感觉，手心多汗。

2. 防止噪声与振动的措施

为防止噪声、振动对身体的危害，应从以下三方面入手：

（1）消除或降低噪声、振动源。采用无声或低声设备代替发出强噪声的设备，如以焊接代替铆接、锤击成型改为液压成型等；机械设备应装在橡皮、软木上，避免与地板直接接触；工具的金属部件改用塑料或橡胶，以减弱因撞击而产生的噪声和振动。

（2）控制噪声、振动的传播。如采取吸声、隔声、隔振、阻尼等措施。

（3）做好个人防护。如果作业场所的噪声、振动暂时不能得到有效控制，则加强个人防护是避免遭受危害的有效措施。如在高噪声环境中作业时，佩戴耳塞就是最便捷的防护方法，必要时应佩戴耳罩、帽盔；为防止振动病，作业场所要注意防寒保暖，振动性工具的手柄温度如能保持在 40℃左右，则对预防振动性白指症有较好的效果；

合理使用个人防护用品，特别是防振手套、减振座椅等。

五、对电磁辐射的防护

1. 非电离辐射

非电离辐射包括紫外线、红外线、激光和射频辐射。

（1）射频辐射对健康的影响。接触射频辐射的作业有：金属的热处理、表面淬火、金属熔炼等，无屏蔽的高频输出变压器是一个主要辐射源；食品、皮革、茶叶等用微波加热炉进行热处理，操作人员有可能接触微波辐射。

生产过程中，通常为低强度慢性辐射，对神经系统、眼及心血管系统有一定的影响，可引起中枢神经和植物神经功能紊乱；长期接触高强度微波辐射的工人，可加速眼晶状体老化过程，引起视网膜病变；对心血管系统的影响主要是造成心动过缓、血压下降等。

（2）红外线辐射对健康的影响。自然界的红外线辐射源以太阳为最强，基建、搬运等露天作业，夏季红外线辐射强度很大；生产中接触红外线辐射源的作业有金属加热、熔融玻璃等，炼钢工、轧钢工、铸造工、玻璃熔吹工、烧瓷工等可受到红外线辐射。

红外线对人体的影响主要是眼睛和皮肤。长期受炉火或加热红外线辐射，可引起白内障。白内障造成视力下降，一般两眼同时发生。职业性白内障已列入职业病名录，如玻璃工的白内障多发生在工龄较长的工人中。皮肤受红外线长期照射，局部可出现色素沉着。

（3）激光对健康的影响。激光也是电磁波，目前使用的各种激光属于非电离辐射。激光被广泛应用主要是因其具有辐射能量集中的特点，生产中主要用于金属和塑料部件的切割、打孔、微焊等。

激光对健康的影响主要是它的热效应和光化学效应造成的机械性

损伤。眼部受激光照射后，可突然出现眩光感，视力模糊，或眼前出现固定黑影，甚至视觉丧失。激光还可对皮肤造成损伤，轻度损伤表现为红斑反应和色素沉着，照射剂量大时可出现水疱、皮肤溃疡。

2. 电离辐射及其引起的职业病

凡能直接或间接引起物质电离的辐射称为电离辐射。其中 α 粒子、β 粒子等带电粒子能直接引起物质电离，称为直接电离辐射；γ 粒子、中子等非带电粒子不能直接使物质电离，称为非直接电离辐射。随着核工业的发展，核原料的勘探、开采、冶炼，核燃料及反应堆的生产、使用，放射性核素在工业、农业、医学诊断中的应用，接触电离辐射的人员也日益增多。

电离辐射引起的职业病称为放射病，有急性放射病和慢性放射病两种。急性放射病是短期内一次或多次受到大剂量照射而引起的全身病变，多见于核能和放射装置应用中的意外事故或由于防护条件差所致职业性损伤，主要引起骨髓等造血系统损伤，也有发生肠麻痹、肠梗阻的情况；慢性放射病是长期受到超限值剂量照射所引起的全身性损伤，多发生于防护条件不佳的外照射工作场所，一般出现头痛、疲乏无力、记忆力下降，伴有消化系统障碍。

除全身性放射病外，电离辐射还可造成局部的放射性皮炎和放射性白内障。

3. 电磁辐射的防护

（1）非电离辐射的防护。由于电磁辐射源所产生的场能随距离的增大而减弱，所以在不影响操作的前提下尽量远离辐射源；避免在辐射流的正前方作业，可有效防止微波辐射。为防止射线直接作用于人体，合理地使用防护用品是十分重要的。穿戴金属防护服可防止射频辐射，穿戴微波屏蔽服、红外线防护服、防护帽、防护眼镜等可防止微波、红外线辐射。激光和红外线防护的重点是对眼睛的保护，除佩戴防护眼镜外，还要定期检查眼睛。

(2) 电离辐射的防护。作业人员要熟悉操作程序和安全操作规程，工作前应认真做好各项准备，如熟悉所用放射性核素的放射强度；工作结束后应及时清理用具，清除放射性污染物；在离开作业场所时应洗手或沐浴。正确使用防护用品，如穿戴工作服、防护镜、口罩、面盾等。在放射性工作场所内严禁饮食、喝水、抽烟和存放食品。

第二节　作业环境与条件的改善

一、环境温度的控制

1. 工作地点"小气候"对人的影响

工作地点的气候条件往往来自人为的生产环境。不同企业、不同工种，环境温度存在较大差别。高温作业岗位主要有：冶金工业的炼铁、轧钢车间；机械制造业的铸造、锻造车间；陶瓷、砖瓦等工业的炉窑车间；发电企业的锅炉间等；夏季建筑、搬运等露天作业也属于高温作业。低温作业多见于冬季寒冷气候中的露天作业或在无采暖设施的车间内工作，从事冷藏和冷冻食品作业的工人也会接触寒冷环境。

(1) 高温对人体的影响。高温会引起中暑。中暑多是由于肌体产热大大超过散热，热量在体内蓄积所致。中暑与作业场所的气温过高有密切关系，但气温过高并不是唯一的致病因素，在相同的高气温条件下，如同时存在高湿或强烈热辐射，特别是风速小时，更容易发生中暑。中暑还与劳动强度、休息制度、个体防护、个人健康状况以及对高温的适应性有关。中暑有三种情况。

1）先兆中暑。在高温环境中劳动一定时间后，出现大量出汗、口渴、全身乏力、头晕、胸闷、心悸，以及注意力失控、动作不协调等症状。如能及时离开高温环境，短时间休息后即可恢复正常。

2）轻症中暑。除先兆中暑症状外，还出现体温升高（38.5℃以上）、恶心、呕吐、血压下降、脉搏细弱而快等症状。如使患者迅速离开高温作业环境，到通风良好的阴凉处安静休息，喝一些含盐的清凉饮料，一般 4～5 h 即可恢复。

3）重症中暑。除上述症状外，还出现突然昏倒或痉挛，皮肤干燥无汗，体温可达 40℃以上。此时，应将中暑患者平卧，并移至阴凉通风处，迅速采取降低体温的措施，必要时送往医院治疗。

一般来说，对中暑患者及时进行对症处理，很快可恢复，不必调离原作业岗位。若因体弱不宜从事高温作业，应掉换工种。

（2）低温对人体的影响。人体适应寒冷的能力有一定限度，如果在寒冷（－5℃以下）环境下工作时间过长，或浸于冷水中，超过适应能力，体温调节发生障碍，体温则会降低，影响肌体功能，出现呼吸和心率加快、颤抖等症状。随着体温的下降，会出现全身疼痛，意识模糊，严重者心脏功能失调，必须及时抢救才能脱离生命危险。

低温对人体的伤害最常见的是冻伤，手、足、鼻尖和耳郭等是人体易发生冻伤的部位。冻伤的产生与人在低温环境中暴露的时间有关。在－20℃以下的环境里，皮肤与金属接触时，皮肤会与金属粘贴，称冷金属粘皮，这是一种特殊冻伤。

2. 防暑降温措施

（1）改善作业环境。预防中暑的关键在于改善高温作业环境，使作业场所的气候条件符合国家规定的卫生标准。在高温车间内合理布置热源，避免作业人员周围受到热源作用。尽可能把各种加热设备置于车间之外。温度很高的产品应尽快运出车间，如果热源不能移动，应采取隔热措施。通风是防暑降温的重要措施，应加强自然通风，使车间内高温从高窗或气楼排出。车间屋顶可安装风帽，墙角开窗可加强通风。当自然通风不能将余热全部排出时，应采用机械通风。

（2）加强个体防护。高温作业人员应穿耐热、坚固、导热系数小、透气功能好的浅色工作服，根据防护需要，穿戴手套、套鞋、护腿、眼镜、面罩、工作帽等。

（3）采取必要的组织措施和保健措施。制定合理的劳动和休息制度，调整作息时间，采取多班次工作办法；布置舒适的工间休息场所；加强宣传教育，使职工自觉遵守高温作业安全卫生规程；定期检测作业场所的气候条件；实行医务监督，对高温作业人员定期进行体检；为高温作业人员提供清凉饮料。

3. 防寒保暖措施

冬季露天作业或在无采暖设施的车间内工作时，应在工作地点附近设立取暖室，供作业人员轮流取暖休息之用。在寒冷环境中，体温会因空气运动而加快散失，最好的办法是降低空气在皮肤表面的流动，一般用适当多穿衣服和防风的办法来实现。因此，低温作业人员应穿御寒服装；工作时若衣服浸湿，应及时更换；劳动强度不可过高，防止过度出汗；要特别注意手、足保暖。在饮食方面，适当增加富含脂肪、蛋白质和维生素的食物。

另外，要教育、告知职工体温过低的危险性及其预防措施。肢端疼痛和寒战（体温可能降到35℃）是低温的危险信号，当严重寒战时，应终止作业。

二、照明的调节

1. 适宜的亮度

人在工作环境中进行各种生产劳动，主要是用眼睛这个视觉器官将物体的位置、大小、形状、运动速度及方向等信息，通过视觉神经传到大脑，在做出相应的判断后，采取有目的的动作。有资料表明，人们所获得的信息，80％以上是靠视觉得来的。因此，视觉所得到的信息对人的作业动作起着极为重要的作用。而适宜的照明使物体具有适当的亮度则是必要的条件。光线不足或过强对安全作业的影响如下：

（1）因为亮度不足，容易把物体的状况看错，大脑必然会根据错误的信息，发出错误的指令，人也就会做出错误的动作而造成事故。

（2）由于亮度不足，人要费劲才能看清物体，这就使人在生理上要消耗更多的能量。在这种环境中工作时间稍长，人就容易疲劳，引起心理状态的变化，使判断力和思考能力降低（或迟缓），误操作增多，发生事故的可能性也就随之增大。

（3）如果光线过于明亮，会使人感到耀眼，难以看清物体真相。长时间在过亮的环境中工作，眼球容易疲劳，发生事故的可能性也会增大。

2. 适度的照明

光线不足或过强造成人的动作失误，是人们日常工作中常见的事情。因此，作业环境要有一个适宜的照明条件，使人们既能看清环境中各个物体的真实状况，又不使人的眼睛感到疲劳。

至于光源，一般以自然光线为宜。因为在同样的光照条件下，自然光源较人工光源明亮、柔和。为此，作业现场材料不应堆放过高，以免遮挡日光；窗户要保持清洁；厂房的内墙应刷成浅色。

如果作业环境不能利用自然光（如夜班、井下作业、隧道等）或自然光不足（如阴天）时，则必须采用人工光源。人工照明有全面照明、局部照明和混合照明三种形式，可根据作业需要进行调节。通常情况下，工作场所的照明是由全面照明和局部照明共同组成的混合照明，即在工作场所安置若干照明设施而使整个工作面普遍达到所规定的视觉条件，同时在某个工作面上安置照明设施，作为局部照明直接照射到工件上，以弥补全面照明的不足。

无论采用自然光还是人工照明，都必须注意不要产生明暗对比度很强的阴影；同时，为了避免光线对眼睛的直射，可使用防直射灯罩。

三、操作姿势的调整

调查发现，许多最普通的疾病都是因为作业姿势不适当引起的。例如，人们长期弯腰操作往往会造成腰酸背痛或肌肉和关节损伤；伴随着广泛使用的显示装置，视觉障碍正在增多。随着机械化和自动化程度的提高，人与操作装置、工具之间的协调性、安全性等问题也应充分考虑，应使操作装置和工具的设计符合人的生理、心理特点和操作要求，并能在使用时方便、省力、快速、安全。

1. 调整好作业姿势

人在劳动中需要保持一定的姿势，也称体位。长时间保持一种作业姿势会使某些特定的肌肉处于持续收缩状态，容易引起疲劳。因此，在可能的情况下，操作人员在劳动过程中要适当变换作业姿势。

（1）站立操作。有些操作需要十分用力且动作幅度大，如操纵某些特定型式的机器，就常常需要站着完成。站立一天会使双腿肌肉紧张引起疲劳，或因下肢血液回流不好导致腿部肿胀。为减缓腿部的疲劳和肿胀，作业中应让脚下有足够的活动空间，以便能适时变换作业姿势，使脚所承受的力量均匀分配。在站立作业中，还要尽量避免弯腰躬背。因为弯腰躬背时，背部肌肉一直处在紧张状态，直立起来后，就会感到腰酸背痛。

合适的作业高度也非常重要，如果作业高度不合适，操作者很快就会感到疲劳。适合的作业高度是：操作者不需要弯腰躬背、双肩放松、体态自然地进行操作。为此，工作台的高度应能根据操作者的身高进行调整，使台面与肘部在同一水平面；操作装置、材料、工具等应方便拿取和使用。

（2）坐姿操作。坐姿时下肢处于比较放松的状态，与立姿比较，可以减少能量的消耗，减轻疲劳程度。采取坐姿时身体比较稳定，适合于从事精细作业；此外，坐姿状态不需要下肢支撑身体，可以用足或膝进行其他操作，如机动车驾驶。

坐姿作业同样存在一些不利于健康的因素，如坐姿状态下下腹肌松弛，颈椎弯曲较大，脊柱的S形生理弯曲的下部由前凸变为后凸，使身体相应部位受力发生改变，长时间作业可造成损伤；此外，坐姿操作不易改变姿势，用力受限制，工作范围受局限，久坐会导致生理性疲劳。

良好的坐姿是身体坐直，靠近工作台。因此，工作台和工作椅应设计得使肘部与台面在同一水平面，使腰背伸直，双肩放松。对于精密工作，应尽可能设计一些可调节的支撑物或支撑面，用以支撑肘部、前臂或手。还要注意选择便于工作且与工作台的高度相适应的工作椅，椅子的高度可调。要有足够的空间使双腿能自由活动。

2. 适宜的操作装置和工具

（1）操作装置的选择。正确选择操作装置的类型，如精密、高速操作的机器用手控装置，操作力较大的机器用脚踏板；准确区别紧急状态和正常状态下使用的操作装置，可用彩色和清晰的标签或防护装置来区分；操作程序应易于理解，要符合习惯，如电气设备的旋钮顺时针转动为“开”，阀门则逆时针转动手柄表示“开”。

操作程序符合人的习惯非常重要。在紧急状态下，人们会按照正常的反应去操作，因此应确保操作方向与人们习惯的方向一致。如果购置的设备是进口的，不符合一般的操作习惯，则应清楚地标明“开”“关”的方向。

（2）工具的选择。操作中经常需要使用各种工具，如钳子、锤子、刀、钻、斧等。工具如果与人的操作及工作对象不相适应，可能降低工作效率，影响人的安全与健康。选择工具时应注意以下几点：避免使用较重的工具；在使用钳子等工具时，注意腕关节活动的角度；如果使用过程中需要利用工具的重力（如锤子），则工具的重心宜远离手部；使用工具时，应使操作者的手和上肢保持自然状态；操作时要容易拿住工具，一般用力大或使用时间长的工具，手柄的直径要大一些。工具还应具备外形美观、坚实耐用、使用安全等特点。

此外，需注意的是，必须选择符合国家标准、质量合格的工具，避免选择和使用质量低劣的工具。在选择工具时，还应该征求操作者的意见。

四、疲劳的缓解

在劳动过程中，当作业能力明显下降时，表明身体已处于疲劳状态。疲劳的程度不同，感觉也就不同，如有人只有轻微的疲倦感，而有的人则会感到筋疲力尽。疲劳经适当休息可消除或减轻。

1. 引起作业疲劳的因素

疲劳与很多因素有关：作业强度越大，作业时间越长，人体就会越快疲劳；人在不良作业环境中工作，很快就会进入疲劳状态，如工作场所的高温或低温、照明不足、强烈的噪声等；作业中，如果技术不熟练也容易因过度紧张而导致疲劳；不正确的操作姿势更容易迅速导致局部疲劳。此外，作业者的不良生理、心理素质和精神因素也都容易导致疲劳。同样的作业条件、作业时间，老年工人、女职工就会比青壮年工人更容易出现疲劳；情绪焦虑、不安、有危险感、有过大责任感、对工作缺乏兴趣等都会引起疲劳。

2. 疲劳对作业安全的影响

（1）生理疲劳对作业的影响。生理疲劳表现为肌肉酸痛、肌肉活动失调等，对作业安全的影响是：感觉、视觉、听觉机能降低，作业时可能发生错觉；反应迟钝，作业时动作准确性下降；作业时注意力不集中，注意范围变小；思维能力降低，对故障的判断能力和应急反应能力明显下降。

（2）心理疲劳对作业的影响。心理疲劳表现为无精打采，心情烦躁等，对作业安全的影响是：作业时思维迟缓，懒于思考，忽视作业中的危险因素，这往往是导致伤害事故发生的潜在因素。因此，从事危险性作业时，操作者要特别注意避免出现心理疲劳，一旦出现，就应该及时停止工作，适当休息，使疲劳消除，恢复精力和体力。

3. 防止过度疲劳的措施

首先，要重视心理因素。因为长时间从事单调、乏味、紧张的工作，就会对工作产生“厌倦感”。因此，应根据操作者自身的心理特点，从事与之相适应的工作；创造良好的工作条件，使操作者能够心情舒畅地工作。

其次，要改善作业时的姿势和体位，防止个别器官过度紧张。用力要合理，如动作要对称、要有节奏、要自然，尽量借助体重来用力；操作也要合理，尽量减少多余的动作；生产工具和加工物体要布局合理，以缩短操作行程，减少体能消耗。

再次，改善劳动环境和卫生条件，如改善作业场所的照明条件，消除或降低噪声，材料堆放整齐，保持作业场所空气流通，使劳动舒适愉快。

最后，注意劳逸结合。在劳动日内，适当安排工间休息；工作之余，合理安排休息时间。

第三节　劳动防护用品的管理与使用

劳动防护用品（又称个体防护用品）是劳动者在劳动中为抵御物理、化学、生物等外界因素伤害人体而穿戴和配备的各种物品的总称。尽管在生产劳动过程中采用了多种安全防护措施，但由于条件限制，仍会存在一些不安全、不卫生的因素，对操作人员的安全和健康构成威胁。因此，劳动防护用品就成为保护劳动者的最后一道防线。

一、劳动防护用品概述

劳动防护用品是一种辅助性的安全措施。劳动防护用品在一定程度上只能延缓或减轻有害因素对人体安全、健康的伤害。要从根本上解决安全方面存在的问题，应从加强安全管理、实现生产设备及作业环境的本质安全上着手。对劳动用品的认识有以下几点：

第一，根据实际需要发放劳动防护用品。应当根据实现安全生产、防止职业性伤害的实际需要，按照不同工种、不同劳动条件，制定发放劳动防护用品的标准，使发放的劳动防护用品在种类、数量、性能上与实际需要相适宜，物尽其用，不致造成资金和物资的浪费。

第二，劳动防护用品不是生活福利待遇。有相当数量的职工，包括一些领导，都将劳动防护用品误认为是生活福利待遇，多多益善，以致盲目提高发放标准，或者片面追求样式，使劳动防护用品失去了应有的保护作用。

第三，保证质量，安全可靠。对于生产中必不可少的特殊劳动防护用品，如安全帽、安全带、绝缘防护品、防尘防毒面具等，必须根据特定工种的要求配备齐全，保证质量，并建立定期检验制度，不合格的、失效的一律不准使用。另外，在一些特定的作业场所中，要注意劳动防护用品的适用性，如在易燃易爆、有烧灼和静电发生的场所，严禁职工穿用化纤类防护用品。

二、劳动防护用品的分类

1. 按照用途和防护部位分类

（1）以防止伤亡事故为目的的安全护品

1）防坠落用品，如安全带、安全网等。

2）防冲击用品，如安全帽、防冲击护目镜等。

3）防触电用品，如绝缘服、绝缘鞋、等电位工作服等。

4）防机械外伤用品，如防刺、割、绞碾、磨损用的防护服、鞋、手套等。

5）防酸碱用品，如耐酸碱手套、防护服和靴等。

6）耐油用品，如耐油防护服、鞋和靴等。

7）防水用品，如胶制工作服、雨衣、雨鞋和雨靴、防水保险手套等。

8）防寒用品，如防寒服、鞋、帽、手套等。

（2）以预防职业病为目的的劳动卫生护品

1）防尘用品，如防尘口罩、防尘服等。

2）防毒用品，如防毒面具、防毒服等。

3）防放射性用品，如防放射线服、铅玻璃眼镜等。

4）防热辐射用品，如隔热防火服、防辐射隔热面罩、电焊手套、有机防护眼镜等。

5）防噪声用品，如耳塞、耳罩、耳帽等。

（3）按人体防护部位分类。根据《劳动防护用品分类与代码》（LD/T 75—1995）的规定，我国实行以人体防护部位的分类标准，将劳动防护用品分为 9 类。

1）头部防护用品。头部防护用品是为了防御头部不受外来物体打击和其他因素危害而配备的个人防护装备，包括安全帽、防尘帽、防寒帽等 9 类产品。安全帽具备冲击吸收性能、耐穿刺性能及一些特殊技术性能要求，如炉前作业要求阻燃性能，坑道作业要求倾向刚性，易燃易爆场所要求抗静电等。安全帽的使用寿命在 3 年左右，当过长时间暴露在紫外线或者受到反复冲击时，其寿命还会缩短。

2）呼吸器官防护用品。呼吸器官防护用品是为了防御有害物质从呼吸道吸入，或直接向使用者供氧、新鲜空气，以保证在尘、毒污染或缺氧环境中作业人员能正常呼吸的防护用品。按防护功能可分为两类：一类是过滤呼吸保护器，它可去除污染而使空气净化，如防尘口罩、防毒面具等；另一类是供气式呼吸保护器，它可向佩戴者提供洁净空气，如压缩空气呼吸器等。

3）眼面部防护用品。眼面部防护用品是为了预防烟、尘、金属火花及飞屑、热、电磁辐射、化学品飞溅等伤害眼睛或面部的防护品。根据防护功能，大致可分为防尘、防水、防强光等9类。目前我国生产和使用较为普遍的有三种：焊接护目镜及面罩，其作用是防止非电离辐射、金属火花和烟尘等危害；炉窑护目镜，其作用是预防炉、窑口辐射出的红外线和少量可见光、紫外线对眼睛的危害；防冲击眼护具，其作用是预防铁屑、灰砂、碎石等外来物对眼睛的冲击伤害。

4）听觉器官防护用品。听觉器官防护用品是为了预防噪声对人体引起的不良影响的防护用品。主要有三类：第一类是置放于耳道内的耳塞，使用时要特别注意耳塞的清洁问题及耳塞与使用者耳道的匹配问题；第二类是置于外耳外的耳罩，使用时要顺着耳形戴好，并注意检查罩壳有无裂纹和漏气现象；第三类是覆盖于头部的防噪声头盔，一般有软式（如航空帽）和硬式两种。

5）手部防护用品。通常称为劳动防护手套，具有保护手和手臂的作用。按照防护功能分为一般防护手套、防酸碱手套、防寒手套、绝缘手套、防高温手套等12类。使用时要考虑到舒适、灵活的要求和防高温的需要及可能用其抓起的物件的种类及条件的需要等，还要考虑使用者遇到的危险因素，如是否有存在被卷到机器中去的危险。

6）足部防护用品。通常称为劳动防护鞋，是防止生产劳动过程中有害物质或外逸能量损伤劳动者足部的防护品。按照功能分为防水鞋、防寒鞋、防静电鞋、防酸碱鞋、电绝缘鞋等13类。根据防护鞋功能的需要，所有防护鞋都应满足如下要求：防护鞋外底必须具有防滑块；鞋后跟应具有适宜的高度；鞋帮材料要耐磨且透湿性好；鞋后跟具有缓冲性，能瞬间吸收能量。

7）躯干防护用品。躯干防护用品即防护服，按照防护功能分为普通防护服、防水服、防寒服、阻燃服、防电磁辐射服等 14 类。防护服的主要功能是有效地保护劳动者免受劳动环境中的物理、化学和生物等因素的伤害。防护服除安全可靠，适合作业场所的需要外，还要舒适大方、适合行业特点。

8）护肤用品。护肤用品用于防止皮肤外露部分（主要是面、手）受到化学、物理等因素（如酸碱溶液、漆类、紫外线、微生物等）的侵害。护肤用品一般是在整个劳动过程中使用，上岗时涂抹，下班后清洗，可起一定隔离作用。按照防护功能，分为防晒、防射线、防油、防酸、防碱等类。

9）防坠落用品。防坠落用品是为了防止作业人员从高处坠落的防护品，主要有安全带和安全网两种。

2. 按劳动防护用品防护性能分类

劳动防护用品还可以分为特种劳动防护用品与一般劳动防护用品。特种劳动防护用品是指使劳动者在劳动过程中预防或减轻严重伤害和职业危害的劳动防护用品，一般劳动防护用品是指除特种劳动防护用品以外的防护用品。

特种劳动防护用品分为以下六大类：

（1）头部护具类，如安全帽。

（2）呼吸护具类，如防尘口罩、过滤式防毒面具、自给式空气呼吸器、长管面具。

（3）眼（面）护具类，如焊接眼面护具、防冲击波眼护具。

（4）防护服类，如阻燃防护服、防酸工作服、防静电工作服。

（5）防护鞋类，如防静电鞋、防穿刺鞋、电绝缘鞋、耐酸碱皮胶靴、耐酸碱皮鞋等。

（6）防坠落护具类，如安全带、安全网、密目式安全立网。

三、对劳动防护用品的要求

1. 对劳动防护用品的质量要求

防护用品的质量直接关系到职工的安全与健康，必须有经过有关部门核发的生产许可证和产品合格证。其基本要求如下：

（1）严格保证质量。

（2）所选用的材料必须符合要求，不能对人体构成新的危害。

（3）使用方便舒适，不影响正常操作。

2. 对劳动防护用品的管理要求

企业应当根据工作场所中的职业危害因素及其危害程度，按照法律、法规、标准的规定，为职工免费提供符合国家规定的防护用品。不得以货币或其他物品替代应当配备的防护用品。企业在发放和管理劳动防护用品时应做到以下几点：

（1）到定点经营单位或生产企业购买特种劳动防护用品。特种劳动防护用品必须具有“三证”和“一标志”，即生产许可证、产品合格证、安全鉴定证和安全标志。购买的特种劳动防护用品须经本单位安全管理部门验收，并应按照特种劳动防护用品的使用要求，在使用前对其防护功能进行必要的检查。

（2）根据生产作业环境、劳动强度以及生产岗位接触有害因素的存在形式、性质、浓度（或强度）和防护用品的防护性能进行选用。

（3）按照产品说明书的要求，及时更换、报废过期和失效的防护用品。

(4) 建立健全防护用品的购买、验收、保管、发放、使用、更换、报废等管理制度和使用档案，并进行必要的监督检查。

四、劳动防护用品的使用

1. 正确选用和坚持使用劳动防护用品

必须根据工作场所中的危害因素及其危害程度，正确、合理地选用防护用品，并养成凡上岗作业即按要求穿戴防护用品的良好习惯。在生产设备和作业环境尚未实现本质安全的情况下，劳动防护用品仍不失为减少事故、减轻伤害程度的一种有效措施。但由于设计或制作上的原因，一些劳动防护用品穿戴后会使人感到不舒适、不灵活，有的很笨重，使得职工不愿穿戴；还有的职工怕麻烦，觉得穿不穿两可。为此，安全员要认真做好宣传教育工作，使职工真正认识到劳动防护用品对保障安全和健康的重要作用，自觉按照规定要求穿戴劳动防护用品。

2. 通过教育培训，使职工做到“三会”

“三会”即会检查防护品的安全可靠性，会正确使用防护品，会维护保养防护品。劳动防护用品的质量对使用者来说至关重要，有时甚至是性命攸关的问题。如安全带在使用中发生断裂，后果是不堪设想的。因此，职工必须掌握所使用的防护用品的性能、要求，能发现存在的缺陷和质量问题，保证其使用安全。劳动防护用品使用正确与否，直接影响到能否发挥其应有的作用。因此，职工必须了解劳动防护用品正确的使用方法和注意事项，避免在工作中遭受不应有的伤害。要掌握防护用品维护和保养的方法，特别是对安全帽、安全带等一些特殊防护用品，要定期检查和保养，保持其良好性能。

第五章 作业现场安全管理

第一节 推广标准化作业

一、标准化作业的内容

1. 标准化作业的目的

标准化作业就是对每道工序、每个环节、每个岗位直至每项操作都制定科学的标准，全体职工都按各自应遵循的标准进行生产活动，各道工序按规定的标准进行衔接。实行标准化的目的，就是要统一和优化生产作业的程序和标准，求得最佳的操作质量、操作条件、生产效益。采用标准化作业，是一项从根本上保证职工在劳动过程中安全和健康的重要措施。

标准化是一项综合性的基础工作，是技术规范化的一种表现形式。生产作业实行标准化、规范化，有利于对各项工作的管理；各项操作实行标准化，职工就会按照规定的程序和作业标准进行操作，准确无误地完成整个作业过程，从而保证整个企业的生产活动有条不紊地进行。

2. 标准化作业的内容

按照工作人员（生产作业人员、检修人员、管理人员）的工作性质，标准化作业分为三个系列。每个系列标准化作业的内容有作业顺序标准、生产操作标准、技术工艺标准、安全作业标准、设备维护标准、机电设备标准、工器具标准、质量检验标准、文明生产标准、场地管理标准等。

（1）作业顺序标准。根据各岗位、工种的作业要求，从生产准备、正常作业到作业结束的全过程，确定正确的操作顺序，使作业人员明确先做什么、后做什么。

（2）生产操作标准。根据各岗位、工种的作业步骤，从具体操作动作上规定作业人员应该怎样做，使作业人员行为规范化。

（3）技术工艺标准。根据生产作业所涉及的原料、燃料等具有的理化特性，制定相应的技术要求及科学的工艺作业标准。

（4）安全作业标准。涉及操作标准化、设备管理标准化、生产环境标准化、人的行为标准化、物的管理标准化以及相适应的生产环境条件。

（5）设备维护标准。随着时间的推移和生产的进行，设备出现磨损、老化等问题，需要不断维护保养，及时更换易损的零部件，这在标准中应有明确的规定。

（6）机电设备标准。每台设备都要建立安全防护标准，明确规定设备完好状态的标准、安全防护设施的要求等，以消除物的不安全因素。

（7）工器具标准。生产工艺中使用的一切工具、器具等，均应达到良好的标准状态。

（8）质量检验标准。产品、中间产品均应制定几何尺寸、理化特性、外观形状以及检验方法等标准。

(9) 文明生产标准。根据文明生产要求，对作业场所必须具备的照明、工业卫生条件、原材料及成品、半成品的运送和码放、工具和消防设施管理等涉及的一切与文明生产有关的内容，均应有具体的规定。

(10) 现场管理标准。根据生产场地条件情况，对作业场所的通道、作业区域、护栏防护区域、物料堆放高度和宽度等，均应制定标准。

二、作业标准的制定

标准化作业本身，就是研究、制定操作者在生产活动全过程中的作业程序和规范，以统一和优化的作业程序与标准，求得最佳操作质量。因此，作业标准的制定，是一个不断摸索和完善的过程，它随着生产工艺的改进、技术要求及管理水平的提高而不断完善。整个标准化的工作过程是：制定标准→执行标准→修改完善标准→执行新标准。每一次循环，各种效益都将进一步提高，并更符合客观实际的要求。

制定作业标准的原则是，系统地编制出操作者的岗位安全规程、技术规程、操作规程、作业顺序及动作标准，使每个职工达到工作有顺序、动作有标准、执行（标准）有考核，从而使人的不安全行为、物的不安全状态、环境的有害因素等得到控制。具体来说，应遵循如下原则：

(1) 根据岗位作业的内容，全面系统地考虑技术、设备、环境等作业条件，科学合理地编排作业顺序，即对每一项工作都要具体规定出先干什么、后干什么。

(2) 根据作业内容和技术、设备、环境条件，规定操作动作及其应达到的标准。这些标准包括：作业准备标准，作业动作标准，工器具位置和使用标准，作业用语和手势标准，作业衔接和协调标准，作业现场管理、整理、整顿标准，创造安全环境标准。还要制定出怎么干、干到什么程度的工作要求标准。

(3) 规章制度、操作规程是制定标准化作业的基础。编制作业标准要比制定规章制度的技术性高。它是在规程简化、优化的基础上，具体规定出应该干什么、可以干什么、不准干什么的标准。

(4) 要在确保安全生产的前提下，贯彻统一、协调、精练、优化的原则，使操作者记得住、学得会、用得上、愿意做。

(5) 要充分激励安全员与职工的安全需要和积极性，将其智慧与实践作用充分地反映在标准化作业中。

三、推行标准化作业

标准化作业是从根本上保障职工安全与健康的重要措施，在宣传标准化作业时，要让广大职工充分认识到这一点。首先要抓好职工的培训教育工作，向职工宣传、讲解、推广标准化；职工则要认真学习、领会标准化的实质，并通过培训，掌握、熟悉标准化作业的程序和要求。要使标准化作业的制定过程和执行过程成为一个发动职工群众接受安全教育和培训的过程。当每一个职工真正了解了标准化的内容，知道如何进行标准化操作时，标准化作业的作用才能真正发挥出来，使“我要安全”真正变为“我会安全”。

实现标准化作业，从一定意义上讲就是要改变以往的习惯性作业及不良做法，这就需要“严”字当头，制定严格的制度，严格要求，严格管理，严格考核，奖惩分明。实行按岗位定职责，按职责定标准，按标准进行考核，按考核结果计分，按分数计奖。做到一级考核一级，实行日考核、月总结、年进档，考核与奖金、工资、晋升密切挂钩。

四、实现标准化作业

标准化作业是安全管理的一项基础工作，也是现代科学管理的一项重要内容。推行标准化作业，安全员是关键。因此，在这项工作中，安全员要以身作则，不但自己要坚持高标准、严要求，还应协助班组长，在班组中大力推进标准化作业。第一，对职工进行安全技术教育和培训，使职工具备一定的安全作业技能；第二，纠正职工以往作业中不正确或不规范的做法，养成安全作业的习惯，如操作旋转机床绝不能戴手套作业；第三，制定标准化作业程序时，要总结以前的经验，让职工充分讨论，并要经过一段时间的实践检验，切不可想当然地规定几条，而无法实施，成为一纸空文。

不同的班组，生产的产品、生产工序、工种不尽相同，推行标准化作业要根据班组的生产实际，不能千篇一律。制定标准时应坚持三个原则：一是先重点后一般，对生产一线的工种要作为重点来考虑；二是动员全体职工参加，从班组抓起，以有丰富实践经验的老职工为骨干，制定出各个岗位、各个工种的作业标准；三是上下结合，不断完善。先由职工自己制定，班组讨论定稿，然后上交管理标准化工作的有关部门审定，再返回班组实施。在实施过程中不断完善，不断优化，经过一段时间的实践后，认为切实可行，标准化工作管理部门就以文件形式定为规范化的制度。

标准化作业作为一项规范化的制度，安全员必须采取有力的措施来保证其实施。由于传统思想、习惯做法的影响，职工对新的标准化作业制度可能会产生抵触，不愿或不肯自觉执行；有的职工还存在着不理解、怕麻烦的思想。因此，安全员要多做说服教育工作，讲清实行标准化作业的重要意义及对职工自身安全的保证作用，使职工能自觉按照作业标准进行操作。

第二节　作业场所的布置

作业场所占有一定的生产面积，有必需的机器、设备、工具、器具和物料。作业场所布置是指规划、安排与定位机器、设备、物质流程、各种管线，使其空间定位达到高效、协调、安全舒适。科学、合理地布置作业场所，对提高生产效率、保证作业安全具有重要的作用。

一、布置不适当的状况

作业场所布置的不良状况主要表现在物、信息、卫生条件等方面，具体如下：

1. 物布置不合理

如设备布置不合理；材料、物品的布置与堆放不符合要求等。

2. 现场物料规划不合理

如生产场地、通道、物流路线、物品临时滞留区与交验区、废品回收点等的布置不合理。

3. 安全距离不足

厂房间距，设备布局、间距等不符合安全规范要求。

4. 安全标志不符合要求

主要表现在不按安全生产要求设置各类安全警示标志。

5. 卫生条件不良

如由于生产设备存在跑、冒、滴、漏的现象，使得生产场所脏、乱、差。

二、布置的原则

任何设备、物料都有其最佳的放置位置，这取决于人体特征及作业性质。对于一定的作业场所，由于机器、设备、工件、工具以及物料很多，要使每个物件都处于其本身理想的位置很困难。因此，必须依据一定的原则来安排。

1. 人机工程学原则

从人机系统的整体来考虑，作业场所的布置最重要的是保证操作人员能够方便、准确地操作。

2. 重要性原则

即优先考虑对于实现系统作业目标或达到其他性能最重要的元件，将它们布置在本身理想的位置。如紧急制动装置的安装位置必须保证设备出现异常情况时，操作人员能够迅速而准确地进行操作。

3. 使用频率原则

工具、器具、物料等应按其使用的频率排列，经常使用的元件应布置在作业者易见、易及的位置，如冲床的动作开关。

4. 功能原则

即按设备、控制装置、工具等元件的功能相互关系进行适当的编组排列及布置，如配电指示与电源开关应处于同一布置区域，温度显示器与温度控制器应编组排列。

5. 使用顺序原则

即根据元件使用的时间顺序，将元件按使用顺序排列布置，以使作业方便、高效。如开启电源、启动机床、查看变速标牌、变换转速等。

在进行作业场所总体布局规划时，应遵循上述定位原则；而在进行具体元件布置定位时，还应考虑其他一些因素。由于元件布局涉及的因素较多，因而要统一考虑，全面权衡。一次布局很难一步到位，需要经常进行调整，使机器设备布局逐步趋于合理，以利于操作、监视和管理。

三、合理布置作业场所

1. 总体布置

在进行总体布置时，应考虑以下问题：

（1）把使用频率高和最重要的设备、操纵控制装置及显示装置布置在最佳作业范围内（最显眼和最易触及的地方），以便于操作人员观察和操作。

（2）依据操作的顺序进行布置，保证整个作业不空转，不倒流，有条不紊地进行。

（3）符合人的生理和运动特性，做到人的手臂或脚活动的路线最短、最舒适，并能准确地进行操作，使人工作起来既高效又不易疲劳。

（4）人流、物流的通行既畅通又安全。

2. 操纵控制装置与显示装置的布置

作业岗位很少只有单个仪表或单个操纵控制装置，而是由一定数量的仪表和操纵控制器组成控制显示装置。因此，布置时应注意以下问题：

（1）选择最佳认读区域和配置方法布置显示装置，以提高认读的效果，减少巡检时间，提高工作效率。

（2）操纵控制装置布置的位置除应遵循时间顺序、功能顺序、使用顺序、重要性及运动方向原则之外，还应考虑各种控制装置本身的操作特点，将其布置在该种控制的最佳操作区域之内。如颜色编码控制器应布置在最佳视觉区域之内。此外，联系较多的控制装置应尽量相互靠近，排列和位置应符合其操作程序和逻辑关系。

（3）控制装置之间的间距要合理，间隔过小，虽排列紧凑，观察方便，但容易造成误操作。

（4）避免操作对显示的干扰。在操纵控制器时，肢体往往会遮挡显示器，或者显示器受控制器的照明灯光干扰，使操作人员无法监视到某些信息而造成事故。要解决显示受干扰的问题，需要安排较柔和的照明，以减少灯影；同时要处理好灯光照明的角度，尽量不让照明灯光直射到仪表区，以免把肢体的影子打在仪表盘上。

（5）各种控制装置在形状、大小或颜色上要彼此有所区别，以避免误操作。

3. 防止误操作

虽然将控制装置的间隔和位置都布置得较为合理，但有时还会发生误操作。因此，为避免重要的操纵控制装置发生误操作，可采取以下措施：

（1）将按钮或旋钮设置在凹入的底座之中或加装栏杆等。

（2）使操作人员的手部在越过控制装置时，手的运动方向与控制装置的运动方向不一致，这样，即使控制装置被经过的手碰到也不会产生误动作。

（3）在控制装置上加盖或加锁，也可增加操作阻力，使之在较小外力作用下不会动作。

（4）按固定顺序操作的控制装置，可以设计成连锁的形式，使之必须依次操作才能动作。

4. 作业岗位布局

（1）运用人机工程原理，按照生产工艺要求，将设备、工具、物料放置在适当的固定位置，使操作者拿取省力，使用方便，避免寻找。

（2）工作台、控制台和座椅尺寸要符合人体测量学的原则，保证操作者能采取良好的劳动姿势。

（3）零件箱的设计应便于核查数量，其排列和摆放位置应尽可能在正常操作范围内，不超过最大操作范围；工具箱内应合理摆放物品，上层放轻的、精密的工具，下层放重的工具。

（4）保证适当的机器间距和作业通道的足够宽度。

（5）指示灯及开关应按规定着色，说明标签的字体应清晰易读。

（6）一切不用的、多余的物料应及时撤出工作场地，以免占据有用空间。

第三节　作业场所的清理与整顿

生产过程中不断有原材料输入，不断有半成品、成品产出，同时还有许多边角料、废料等产生，这将使作业场所变得无序、杂乱，从而导致事故的发生。因此，必须经常对作业场所进行清理和整顿，保持其整洁、有序，实现文明、高效生产。

一、作业场所的清理

清理就是对作业场所的物品按需要和不需要两大类分开，并清除不需要的物品。分类的原则是，凡生产活动所必需的物品和生产过程中的产品均为需要物品，如机器、设备、工具、各种原材料、辅助材料以及成品、半成品等；这些以外的物品都是不需要的，如生产过程中产生的边角料和废料等，不需要的物品必须及时清除。应在作业场所之外确定废料存放地点，封闭遮盖并及时清运；对于边角料则应确定适当的存放地点，不同的边角料分别存放，以便回收利用。

二、作业场所的整顿

整顿就是把需要的物品以适当的方式放在合适的地点，以便于使用。

1. 确定物品的存放位置

根据作业方式及物品的性质、特点和使用频率等情况，确定其存放位置。

(1) 使用频率高，即经常使用的工具、物品应放在附近，便于拿取。

(2) 不常用的物品应整齐地放入箱、柜内，或者物品架上。

(3) 很少用的物品应放进公用箱、柜内，由专人妥善保管。

(4) 易燃易爆物质、毒品、腐蚀品、压缩气体等危险物品，要有专门的场所存放、保管。

(5) 任何情况下，安全通道上都不允许堆放物品。

2. 确定物品的放置方式

(1) 物料堆放时，重物在下，轻物在上；易损物品要固定，易倒物品要挤压住，长件要放倒。

(2) 立体堆放的材料和物品要限制堆放高度，不得超过底边长度的3倍。

（3）安全通道和堆放物品的场所要划出明显的界限或架设围栏；堆放物品的场所应悬挂标牌，写明放置物品的名称和要求。

（4）对危险物品要严禁超量存放。

三、开展“5S”活动

“5S”起源于日本，是指生产现场中对人员、机器、材料、方法等生产要素进行有效的管理，是日本企业独特的一种现场管理办法，在日本的许多企业得到广泛应用。因“5S”在日本最先提出，这五个项目的日文单词罗马拼音的首字母均为S，故称为“5S”。“5S”包括整理、整顿、清扫、清洁、素养等五个要素，五个要素的排列是从低级到高级的。这些要素与安全生产是息息相关的。

1.“5S”与安全生产的关系

（1）整理是安全生产的前提。“5S”中整理的含义是区分必需品和非必需品，现场不放置任何非必需品，这是保证现场安全生产的基础和前提。在生产现场，如果将一些非必需品放置在现场，不仅占用了生产或作业现场的空间和通道，而且妨碍了现场的生产或作业，特别是一旦出现紧急情况，非必需品还会影响到应急事件的处理，是潜在的安全隐患。在检修现场，如果将一些非必需品带到检修现场，将占用检修空间，并可能造成材料的误用，给设备安全带来安全隐患。因此，在生产及检修场地必须坚决清理不必要物品，这是改善作业环境的第一步，也是安全生产的前提。

（2）整顿是安全生产的要求。“5S”中整顿的含义是将必需品放于任何人都能取到的位置，使寻找时间为零。经过整理后的工作场所，还必须把留下来的必需品分门别类依规定的位置定点、定位放置，按照使用频率、就近位置、易于寻找，合理放置必要物品，必要时加以统一标志，使工作场所整整齐齐、一目了然，减少或消除找寻物品时间的浪费。这是提高工作效率的基础，也是安全生产的要求，安全及消防设施的放置不仅要醒目，而且要易取，以便在应急处理中能容易取得。

（3）清扫是安全生产的保证。“5S”中清扫的含义是使工作现场干净整洁，将设备保养得锃亮完好。清扫是为现场和设备提供一个良好的环境，是保持设备完好的前提。恶劣的环境将对设备或系统造成安全隐患，如电缆沟内积水积泥，长期发展可能导致短路。同样，清扫也是提高员工满意度的要求。环境好了，员工心态就好，操作时头脑也清醒，安全就更有保证。

（4）清洁是安全生产长治久安的保证。“5S”中清洁的含义是将整理、整顿、清扫进行到底，并且标准化、制度化。清洁是规范化管理的要求，尤其是对一个靠规章制度管理的现代企业，清洁是巩固整理、整顿、清扫的必要手段。制定完善的安全管理制度、落实安全责任，是安全生产的根本保证。

（5）素养是消除习惯性违章的武器。“5S”中素养的含义是养成良好的习惯，即养成具有高效率和安全意识的习惯。习惯性违章是指固守旧有的不良作业习惯和违反安全工作规程的行为。习惯性违章是一种习惯性的动作方式，它具有顽固性、潜在性的特点，一些习惯性违章行为往往不是当事者有意所为，而是习惯成自然的结果。只要操作人员的不良习惯动作不纠正，习惯性的违章行为就会反复发生，直到发生事故，习惯性违章的危害性是十分严重的。

“5S”的五方面内容是从简单到复杂、低级到高级发展的，素养是“5S”中的最高形式。“5S”达到素养这个阶段，良好的习惯也就产生了，安全意识提高到一个很高的水平，习惯性违章也就得到了有效的控制。所以说素养是消除习惯性违章的武器。

2. “5S” 活动的内容

（1）整理（SEIRI）。整理不仅仅是指平常所说的把东西整理好，而更多地是指将不要的东西处理掉。通过整理，对物品进行区分和归类，将多余的物品从作业现场清除出去。对作业场所整理后，可以改善和增加作业面积，减少磕碰的机会，保障作业安全；同时由于现场无杂物，通道畅通，可提高工作效率，也可改善操作人员的工作情绪。整理可按下列步骤进行：

1）现场检查。对作业现场进行全面检查，包括看得见和看不见的地方，特别是不引人注意的地方，如设备内部、操作台底部、文件柜顶部等位置。

2）区分必需品和非必需品。管理必需品和清除非必需品同样重要，先要判断出物品的重要性，然后根据其使用频率决定管理方法。如已清除了非必需品，则应该用恰当的方法保管必需品，使之便于寻找和使用。

3）清理非必需品。清理非必需品把握的原则是看物品现在有没有“使用价值”，而不是原来的“购买价值”；对暂时不需要的物品进行整理时，若不能确定以后是否还会有用，可根据实际情况决定一个保留期限，先暂时保留一段时间，等过了保留期限后，再将其清理出现场。对这种情况要进行认真的研究，判断这些保留的物品是否有保留的价值，并弄清保留的理由和目的。

4）标示现场。整理后的现场一目了然，这对整理来说是最为理想的。它首先取决于标志的明了、清楚。为使整理后的现场直观醒目，要准备好现场示意图，清楚地标明各项物品的放置地点，标明物品的适当库存量、存放位置和取放顺序，使每个人都能准确无误地取放物品。可以使用贴有标签的指示板，用彩色笔标记。指示板可固定安装在货架上或悬挂在天花板上且可移动。

整理是一个永无止境的过程。现场每天都在变化，昨天的必需品在今天可能是多余的，今天的需要与明天的需要必有所不同。如果偶尔突击整理一下，做做样子的话，就失去了整理的意义。

（2）整顿（SEITON）。整顿就是将必要的物品以容易找到的方式放置于固定场所，并做好适当的标志，以最快的速度取到所需之物，在最简捷的流程下完成作业。对作业场所的整顿，可使作业人员在操作中忙而不乱，要用的物品随手可得。这正是安全定置管理的功能所在。整顿可按下列步骤进行：

1）分析现状。在现场作业时可能会出现取放物品的时间过长的现象，其可能的原因包括：不知道物品存放在哪里；存放地点太远；存放地点太分散，需往返多次；物品太多，难以找到；不知道是否已用完或别人正在使用。

2）物品分类。根据物品各自的特征，把具有相同特点或性质的物品划为一个类别，并制定标准和规范，为物品正确命名、标志。

3）定置分析。对现场的人—物—场所的结合状况进行分析。生产现场中众多的物不可能同人处于直接结合状态，绝大多数的物同人处于间接结合状态。为实现人与物的有效结合，必须借助于信息媒介的指引、控制与确认。这些信息媒介包括平面布置图、场所标志和物品名称等。

4）实施整顿。制定工作场所的定置图，清楚地标示生产场地、通道、物品存放区，零件、半成品、设备、消防设施、易燃易爆的危险品等均用鲜明直观的色彩或信息牌显示出来，凡与定置要求不符的现场物品，一律清除；制作各工序、工位、机台的定置图，工具仪表、机器设备、材料、半成品及各种用具在工序、工位、机台上停放应有明确的定置要求。零件货架的编号必须同零件账、卡、目录相一致。

总之，通过整顿可以减少寻找物料而造成的时间损失，并且用固定、醒目的标志标明不同的场所和物品，可以避免物品放错地方。

（3）清扫（SEISO）。生产现场在生产过程中会产生灰尘、油污、铁屑、垃圾等，使现场变得脏乱，进而使设备精度降低，故障多发；脏乱的现场还会影响操作人员的工作情绪，使人不愿久留。清扫是将作业场所、设备彻底清扫干净，使作业场所保持干净、宽敞、明亮的环境，使不足、缺点凸显出来。清扫可按下列步骤进行：

1）清扫准备。对员工做好清扫前的安全教育，对可能发生的事故（触电、挂伤、碰伤、洗涤剂腐蚀、坠落砸伤、灼伤）等不安全因素进行预防和警示；明确清扫工具、清扫位置、润滑要求以及螺钉卸除和紧固的方法等。

2）清扫地面、墙壁。清除垃圾，将涂料和油污等污垢清除；分析地面、墙壁污垢的来源，想办法改进现有的清扫方法。

3）清扫设备。在进行设备清扫时要注意：不仅清扫设备本身，其附属、辅助设备也要清扫；容易发生跑、冒、滴、漏的部位要重点检查确认；油管、气管、空气压缩机等看不到的内部结构要特别留意；检查表面操作部分有无磨损、污垢和异物；检查操作部分、旋转部分和螺钉连接部分有无松动和磨损。

4）检查清扫结果。清扫结束后，要进行清扫结果的检查。检查项目有：是否清除了污染源，是否对地面进行了彻底的清扫，是否对机器设备进行了从里到外的、全面的清洗和打扫。

（4）清洁（SEIKETSU）。清洁是对前三项活动的保持和深入，在整理、整顿、清扫之后，使现场保持整洁和最佳状态，从而消除产生不安全因素的根源。清洁可按下列步骤进行：

1）确定清洁的标准。清洁的标准包含三个要素：干净、高效、安全。在开始时，要对“清洁度”进行检查，制定出详细的明细检查表，以明确“清洁的状态”。

2）员工教育。将“5S”的基本思想向员工进行必要的教育和宣传，如果每个人对清洁的理解不同，就可能无法贯彻实施清洁计划，从而使清洁活动中止。

3）进行整理。经过了必要的教育，员工对作业现场所有的物品进行整理，调查它们的使用周期，将这些物品记录下来，区分必需品和非必需品，将非必需品迅速从岗位上搬走。

4）进行整顿。撤走了非必需品并没有完成任务。员工必须根据实际条件、操作习惯、操作要求，合理地摆放必需品的位置，使操作者取放方便，便于运送。员工还要确认各种物品的摆放高度、宽度以及数量，然后对这些高度、数量等具体要求制作醒目的标志，方便操作者识别。将这些规定形成文件，便于日后改善、总结和管理。

5）进行清扫。在整顿结束后，要对作业现场进行清扫，划分出各个责任区，并确定责任人，以便于管理和检查，此时检查的重点不单是“清洁度”，还要检查“高效的程度”。

6）环境色彩化。色彩化是指车间、设备、工作服都采用明亮的色彩，这样，一旦产生污渍，容易被发现。明亮的工作环境，不仅有利于保持清洁，更有利于调动员工的工作情绪，这种潜在的影响不容忽视。

总之，清洁的目的就是维持洁净的状态。而为了保持清洁，就要不断地进行整理、整顿和清扫，这是最基本的“5S”活动，搞好“5S”是从整理、整顿和清扫的“3S”开始的。班组应定期检查清洁的效果，使作业现场一直处于清洁有序的良好状态。

(5) 素养（SHITSUKE）。素养就是要求员工自律，使“5S”的要求成为工作中的自觉行为。努力提高人员的素养，养成严格遵守规章制度的习惯和作风，这是“5S”活动的核心。没有人员素质的提高，各项活动就不能顺利开展，开展了也坚持不了。所以，抓“5S”活动，要始终着眼于提高人的素质。素养的养成需要下列步骤：

1) 明确素养的目的。通过实施素养活动，应打造一个积极向上、富有实用精神的团队。其目的是：全体员工高标准、严要求地维护现场环境的整洁和美观，自愿实施整理、整顿、清扫、清洁的“4S”活动，培养遵守规章制度和具有良好习惯的员工。

2) 制定规章制度。制定相应的《语言礼仪》《行为礼仪》及《员工守则》等，以保证员工达到修养的最低限度，并力求养成遵守规则的习惯；明确整理、整顿、清扫、清洁状态的标准并认真贯彻。

3) 实施员工培训。企业应向每一位员工灌输遵守规章制度和工作纪律的意识，还要创造一个具有良好风气的工作场所。如果绝大多数员工对以上要求付诸行动的话，个别员工和新员工就会抛弃坏的习惯，转而向好的方面发展。此过程有助于员工养成遵守规章制度的习惯，改变员工只理会自己、不理会集体和他人的意识，培养对企业、班组及同事的热情和责任感。

4）检查素养效果。素养活动的检查内容包括：是否经常开展有关“5S”活动方面的交流、培训，领导是否对“5S”很重视，员工是否对实施“5S”活动充满热情；员工行为规范是否做到举止文明，是否做到工作齐心协力，大家能否友好地沟通相处；员工是否穿戴规定的工作服上岗，工作服是否整洁，面部是否干净并充满朝气。

总之，素养可以持续推动“5S”，直至成为全员的习惯；素养还可使每位员工严守标准，按标准作业，也可净化员工心灵，形成温馨明快的工作氛围。员工通过对整理、整顿、清扫、清洁、素养的学习和遵守，不仅可以使自己成为一个有道德修养的员工，也会改变整个企业的环境面貌。

3.“5S”活动中发现的问题

（1）整理方面

1）主要表现。不用的杂物、设备、材料、工具堆放在作业现场，使作业场所变成杂物存放地；货架大小不一，物品摆放不整齐。

2）常见原因。虽然现在不用，但以后要用，搬来搬去嫌麻烦，因而不整理，造成现场杂乱无章；对于大件的物品，好不容易才放到现有的位置，又要按照“5S”的要求进行整理，觉得可以用完以后再调整位置，结果惰性成为习惯，难以改正；个别职工有抵触情绪，认为“别人的物品不如我的整齐都不指出，而偏偏就找出我的缺点，太不公平了”。

（2）整顿方面

1）主要表现。货架上的物品没有“物资收发登记卡”，管理状态不清，除了当事人，其他人一时难以找到；物品堆积太高，不易拿取；没有按“重低轻高”“大低小高”的原则摆放。

2）常见原因。开始码放得很整齐，后来拿乱了，没时间去整顿；为图省事，不按生产节奏运作，一次领料太多，造成现场混乱；货架上物品存放箱大小不一，造成货架参差不齐，非常凌乱。

（3）清扫方面

1）主要表现。清扫时只扫货物不扫货架，只扫设备外表不扫内部，清扫不彻底；只在规定的时间清扫，平时见到污渍和脏物不当一回事。

2）常见原因。认为清扫是清洁工的事，与操作人员无关；清扫对象过高、过远，手不容易够着，于是死角很少或干脆就不打扫；清扫工具太简单，许多脏物无法清除。

（4）清洁方面

1）主要表现。突击打扫很卖力，清洁维持难长久。

2）常见原因。出于团体的“荣誉”，为了应付检查评比经常搞突击性卫生打扫，当时清爽宜人，事后不注意清洁效果的维持，也就是通常所说的“一阵风”；简单地停留在扫干净的认识上，以为只要扫干净就是清洁了，结果除了干净，其他方面并没有多大的改善；清洁化的对象只限于现场所管理的物品，对库房、窗户外面等没有清扫。

（5）素养方面

1）主要表现。工作缺乏主动性，就事论事，工作中没有创新。

2）常见原因。只是按照规章制度的要求去做，不动脑筋想办法如何做得更好；认为只要做好本职工作就可以了，没有必要再花时间学习业务知识。

在“5S”现场管理活动中，许多企业和班组根据自身实际创造了适合自己的推行方法。并取得了良好的成果。但一些刚开始实施“5S”活动的企业对“5S”活动的认识还存在不少误区。如有些员工认为“5S”活动就是一种大扫除，只是为了改善企业形象所开展的活动；一些不在生产一线的员工认为，“5S”活动是生产现场员工的事情，不在生产现场的人员不需要开展“5S”活动；很多员工认为目前的生产任务已经非常繁重，实施“5S”活动增加了员工的工作负担；也有不少人认为“5S”活动的推广是赔本生意，很难在短期内产生效益，因而不愿意实施；有人认为整理、整顿、清扫、清洁和素养等“5S”活动只是形式，缺少实质性的内容，因而对“5S”活动的实施效果始终持怀疑的态度；等等。

4. 推行“5S”活动的方法

“5S”管理不是一个局限于简单的表面的清扫工作，而是实现工作环境根本改善的手段，目的是创造干净整洁的工作场所，培养有素养、讲效率、会改善的优秀员工队伍。推行“5S”活动的方法很多，总结企业成功推行“5S”现场管理活动的实践，方法大致相同。

（1）成立推进“5S”的领导小组。“5S”活动不是员工自发的、以自己的理解进行清扫的活动。为了使“5S”活动持续开展，需要有一个领导小组对“5S”活动进行组织管理，由领导小组负责对活动进行宣传，制定活动方案，制定各种标准和规定，进行监督检查，通过评比、竞赛等活动不断推进。

（2）设立样板区。企业推行“5S”活动，可从样板开始。先选出一个区域作为样板区，集中精力对这个区域进行“5S”改善，然后要求其他区域按照样板区域的模式开展“5S”活动。这种以点带面的做法可以让员工尽快看到“5S”的成果，消除顾虑，而且还是对员工进行安全教育、增强员工凝聚力的有效手段。

(3) 巡视找问题。在“5S”活动取得初步成果后，即可由领导小组安排，组织各部门员工代表，开展巡视检查，查找存在的问题，对改善方法提出指导意见，要求限期整改，并且对问题点改善的前后状况进行对照比较。许多企业采取拍照的方式，直观地告诉员工什么是好的，什么是有问题的，有助于员工问题意识的培养，又增强了改善后员工的自豪感。

(4) 开展问题票活动。所谓问题票就是具有警示作用的红牌提示单，敦促有关责任人进行改善。如果问题多，使用此法时，每张问题都编一个管理编号，并进行台账管理。指出的问题越具体越便于改进。通常，“5S”推行活动中的问题票往往是以下问题：现场堆放无用物品，物品随意放置，场所设备脏污，地面门窗等设施损坏等。

(5) 实施确认表。按照责任区设立确认表，目的是明确职责，明确整理、整顿、清扫工作内容和监督工作完成情况。

“人造环境，环境育人”，是企业员工通过对整理、整顿、清扫、清洁、素养的学习与遵守，使自己成为一名有道德修养的员工，使公司的施工环境面貌也随之改观，从而为实现公司的共同愿景而努力拼搏。

5. 开展“5S”活动的建议

开展“5S”活动，营造一个清洁、整齐、宽敞、明亮的工作环境，不仅能使物流一目了然，大大提高了现场作业的安全性，而且能提升职工的归属感，形成自觉按要求生产作业、按规定使用保养工器具的良好习惯。要开展好“5S”活动，应把握以下几点：

(1) 发挥班组作用。开展“5S”管理，要充分调动和发挥班组的积极性。生产现场因工艺设施和流程不一，班组员工是最熟悉现场的，现场是其工作的主要场地。充分发挥职工的能动性，让职工动手创造一个整齐、清洁、方便、安全的工作环境。由于身处自己创造的良好工作环境之中，职工更知珍惜和保持，逐渐养成遵章守纪、严格要求的风气和习惯。

（2）活动要持之以恒。开展“5S”活动，短时间内可以取得明显的效果，但要长期坚持下去，不断深入，就不太容易了。因此，开展“5S”活动，贵在坚持。为此，应将“5S”活动纳入岗位责任制，使每一位职工都有明确的岗位责任和工作标准；搞好检查、评比和考核工作，针对问题加以改进，使活动不断深入开展下去。

第六章 事故现场应急

第一节 应急管理基础知识

尽管人们总是想方设法预防和减少事故的发生，然而彻底消除事故发生的可能性，做到绝对不发生事故是不可能的，这种想法也是不科学的。因此，在做好事故预防工作的同时，也必须为事故的发生做好应急准备工作，以便在事故发生后，能够正确地采取控制措施，有效组织和利用各种资源开展救援工作，从而把事故造成的伤亡和损失控制在最小范围与限度。

事故应急救援准备工作的具体内容主要体现在两方面：一是针对有可能出现的事故危害编制应急预案，二是对应急预案进行演练。应急预案是事故应急救援的基础，而应急演练是保证应急救援工作有效性的重要手段。

一、事故应急救援的基本任务

事故应急救援的总目标是通过有效的应急救援行动，尽可能减少事故的损失，包括人员伤亡、财产损失和环境破坏等。事故应急救援的基本任务包括下述几方面：

1. 立即组织营救受害人员

抢救受害人员是应急救援的首要任务。在应急救援行动中，快速、有序、有效地实施现场急救与安全转送伤员，是降低伤亡率、减少事故损失的关键。由于重大事故发生突然、扩散迅速、涉及范围广、危害大，应及时指导和组织群众采取各种措施进行自身防护，必要时迅速撤离危险区或可能受到危害的区域。在撤离过程中，应积极组织群众开展自救和互救工作。

2. 迅速控制事态

及时控制住造成事故的危险源是应急救援工作的重要任务。只有及时地控制住危险源，防止事故的继续扩展，才能及时有效地进行救援。特别对发生在城市或人口稠密地区的化学事故，应尽快组织工程抢险队与事故单位技术人员一起及时控制事故继续扩展，并对事故造成的危害进行检测、监测，测定事故的危害区域、危害性质及危害程度。

3. 消除危害后果

针对事故对人体、动植物、土壤、空气等造成的现实危害和可能的危害，迅速采取封闭、隔离、洗消、监测等措施，防止对人的继续危害和对环境的污染。及时清理废墟和恢复基本设施，将事故现场恢复至相对稳定的状态。

4. 查清事故原因

事故发生后应及时调查事故的发生原因和事故性质，评估出事故的危害范围和危险程度，查明人员伤亡情况，做好事故原因调查，并总结救援工作中的经验和教训。

二、事故应急管理的过程

尽管重大事故的发生具有突发性和偶然性，但重大事故的应急管理不只限于事故发生后的应急救援行动。应急管理是对重大事故的全过程管理，贯穿于事故发生前、中、后的各个过程，充分体现了“预防为主，常备不懈”的应急思想。应急管理是一个动态的过程，包括预防、准备、响应和恢复4个阶段。尽管在实际情况中这些阶段往往是交叉的，但每个阶段都有自己明确的目标，而且每一阶段又是构筑在前一阶段的基础之上，因而预防、准备、响应和恢复的相互关联，构成了重大事故应急管理的循环过程。

1. 预防

在应急管理中预防有两层含义：一是事故的预防工作，即安全管理和安全技术等手段，尽可能地防止事故的发生，实现本质安全；二是在假定事故必然发生的前提下，通过预先采取的预防措施，达到降低或减小事故的影响或后果的严重程度，如加大建筑物的安全距离，工厂选址的安全规划、减少危险物品的存量、设置防护墙以及开展公众教育等。

2. 准备

应急准备是应急管理过程中一个极其关键的过程。它是针对可能发生的事故，为迅速有效地开展应急行动而预先所做的各种准备，包括应急体系的建立、有关部门和人员职责的落实、预案的编制、应急队伍的建设、应急设备（施）与物资的准备和维护、预案的演练、与外部应急力量的衔接等，其目标是保持重大事故应急救援所需的应急能力。

3. 响应

应急响应是在事故发生后立即采取的应急与救援行动，包括事故的报警与通报、人员的紧急疏散、急救与医疗、消防和工程抢险措施、信息收集与应急决策和外部求援等。其目标是尽可能地抢救受害人员，保护可能受威胁的人群，尽可能控制并消除事故。

4. 恢复

恢复工作应在事故发生后立即进行。应先使事故影响区域恢复到相对安全的基本状态，然后逐步恢复到正常状态。要求立即进行的恢复工作包括事故损失评估、原因调查、清理废墟等。在短期恢复工作中，应注意避免出现新的紧急情况。长期恢复包括厂区重建和受影响区域的重新规划和发展。在长期恢复工作中，应汲取事故和应急救援的经验教训，开展进一步的预防工作和减灾行动。

三、班组应急预案

小事故因处理不及时或处理不当酿成大灾的教训层出不穷。如何预防事故发生，发生后又如何在初起阶段处置是最重要的问题。在班组范围内制定应急预案是预防安全事故的重要举措。所谓“班组范围内”，是指班组危害辨识、风险评估活动所涉及的范围仅限于本班组作业范围，且依靠班组成员本身技能是基本能控制的。班组范围内制定的应急预案，是指班组成员工作中有可能发生且能预见到的所有大小事故的应急预案。

班组的应急预案一般是现场处置方案。现场处置方案是在专项预案的基础上，根据具体情况编制的。它是针对具体装置、场所、岗位所制定的应急处置措施。如危险化学品事故专项预案下编制的某重大危险源的应急预案等。现场处置方案的特点是针对某一具体场所的该类特殊危险，在详细分析的基础上，对应急救援中的各个方面作出具体、周密而细致的安排，因而现场处置方案具有更强的针对性和对现场具体救援活动的指导性。

班组人员少，岗位明确，应急预案制定内容简单。制定应急预案时先根据本班组各个岗位工艺特点，分析各个岗位存在的危险源、危险点，找出有可能发生的事故，然后采用安全系统工程的方法（事故树、事件树等）和分析手段，找出导致事故的可能原因，制定预防事故的措施，同时，针对可能出现的事故制定相应控制措施。为此，工人必须熟练掌握本岗位工艺操作程序，了解本岗位工艺特点及对整个工艺的影响。

第二节　紧急避险与逃生

一、紧急避险的方法

当作业场所发生人身伤害事故后，如果能采取正确的现场应急、逃生措施，可以大大降低死亡的可能性及减少事故后遗症。因此，每个职工都应熟悉急救、逃生方法，以便在事故发生后自救互救。

1. 及时发现危险征兆

事故发生之前，作业现场往往会出现某种异常现象。如有异常声响、振动、特殊气味，警报装置发出报警信息等。作业人员在操作过程中，应随时注意现场的状况，及时发现异常情况，并能够从这些异常情况中判断出危险征兆。

2. 采取应急对策

迅速反应和采取正确的措施，是转危为安的关键。通常的应急对策是：及早发现现场的危险征兆，赢得时间；迅速查明危险所在的部位，正确判断危险出现的原因；立即采取措施消除危险或及时报告。如果判断事故即将发生，来不及报告，要立即停止设备运行，采取应急措施；当事故（如火灾、爆炸）在局部发生时，要立即采取相应的扑救措施，防止事故蔓延和发生二次事故。与此同时，要组织人员撤离现场，迅速避险。

3. 掌握转危为安的法宝

危险应急的根本目的就是转危为安。如何才能转危为安、化险为夷，这就要求现场人员首先要沉着镇定，临危不惧；然后采取对策，见机行事。很多情况下，如果对异常情况或者危险征兆判断准确，处理措施得当，就会避免伤亡事故的发生；反之，如果对危险处理不当，往往会造成更为严重的后果。

二、停电时的应急处理

商场等公共场所停电处理包括对维持商场正常运作、顾客的安置和商品的处理。

1. 应急处理

(1) 采取应急措施保证正常照明。启动应急措施，如开启应急照明灯（平时就应该做好准备）。由于收银机无法工作，只能暂停营业。如果是大型商场，遇到晚上突然停电，顾客会出现短暂的慌乱，注意安抚顾客情绪，用手提扬声器告诉顾客不要惊慌，有秩序地离开商场，或在周围找凳子坐下，很快就会来电。与此同时请值班电工抓紧时间维修处理故障。

停电的时候，商场的照明只能使用紧急照明或者手电筒，不可以使用火柴、蜡烛或者打火机等明火照明。

最好平时就预备应急发电系统，并在非营业时间做停电模拟演习，争取在 3 min 内恢复正常供电。

(2) 顾客的安置。安全员马上对卖场的进口和出口进行控制，停电时间不确定的时候，可以先劝阻顾客不要进入卖场。

启动广播安抚顾客情绪。管理人员协助安全部门维持现场秩序，避免发生混乱和抢劫等情况，如果需要关店停业的，则要进行顾客疏散工作。

（3）商品的处理。生鲜部限量加工商品，所有电力设备都要做好电源处理，所有冷库立即封门。如果停电的时间过长，陈列在冷柜中的商品要转移到冷库中保存。

所有人员都要坚守岗位，各部门管理层要派人对本区域内的零散商品进行聚集处理。

工程部应该立刻询问停电原因和停电的时间长短，店经理要根据实际情况决定是否需要停止营业。

2. 电梯停电的安全事项

乘坐商场内的电梯时，如果遇上突然断电，尽管应急制动系统瞬间就会激活发挥作用，但在电梯内仍然会感觉电梯在瞬间迅速下坠。电梯运行不稳或速度突然加快下坠时应做到：

（1）不论还有几层楼，赶快把每一层楼的按键都按下。启动应急电源，电梯可以马上停止继续下坠。

（2）如果电梯内有手把，用手紧握手把，以固定整个躯体，尽量避免重心不稳而摔伤。

（3）整个背部和头部紧贴电梯内墙，呈一直线。如果人少最好把两臂展开握住扶手或贴紧电梯壁。电梯墙壁可能成为防护板。

（4）把脚跟微微提起，脚跟离地，膝盖呈弯曲姿势，以缓冲电梯突然停止带来的压力。

三、火灾时的逃生和自救

1. 火灾时的逃生

商场等公共场所是人群聚集活动的场所。起火后要保持冷静，避免慌乱。不要盲目追随，要正确判断火势，沿正确的方向及时撤离。

商场等公共场所起火后，安全员和商场员工应引导顾客从以下几方面进行自救和逃生：

（1）利用疏散通道逃生。每个商场都按规定设有室内楼梯、室外楼梯，有的还设有自动扶梯、消防电梯等。发生火灾后，尤其是在初起阶段，这些都是逃生的良好通道。

1）在下楼梯时应抓住扶手，以免被人群撞倒。

2）不要乘坐普通电梯逃生，因为发生火灾时，停电也时有发生，无法保证电梯的正常运行。

3）当楼梯、通道已被堵死时，应保持镇静，立即选择从别的安全地方转移，可以从别的楼梯或室外消防梯走出险区。

（2）扑灭小火，以免蔓延。当自己所处商场火灾初起时就被发现，可趁火势很小之际，用灭火器、自来水等在第一时间扑救，同时还应呼喊周围人员出来参与灭火和报警。千万不要惊慌失措、乱叫乱跑，甚至置小火于不顾而酿成大灾。

如果不能直接向外跑时，可在头部、身上浇些冷水，并用湿毛巾、湿被单等将头部包好，用湿棉被、湿毯子等将身体裹好，再试图冲出火区。如果火势及浓烟太大，可用口罩或毛巾捂住口鼻，身体尽量贴近地面爬行，通过火区。

（3）利用现有物资逃生。商场商品种类繁多，发生火灾后，可用于逃生的物资是比较多的。

1）毛巾、口罩浸湿后可作为防烟工具捂住口、鼻，利用绳索、布匹、床单、地毯、窗帘等来开辟逃生通道。

2）如果商场有五金等商品，还可以利用各种机用皮带、消防水带、电缆线等来开辟逃生通道。

3）商场经营的各种劳动保护用品，如安全帽、摩托车头盔、工作服等可以避免烧伤或被坠落物体砸伤。

（4）从楼上逃离的方法。如果被困在二楼等较低楼层，先向楼外扔一些被褥、床垫等做垫子，然后将床单或结实的窗帘布等撕成布条，结成绳拴在窗框或建筑设施上，沿绳缓缓爬下；如果被困在三楼以上，千万不要急于往下跳，距地面太高容易造成伤亡。

（5）不恋财物，不坐电梯。在火场中，时间就是生命。不要因为顾及贵重物品而丧失逃生良机，已经逃离险境的人员更不要重返险境。在高层建筑中，电梯的供电系统在火灾中会随时断电，或因热的作用电梯变形而将人困在电梯内。同时由于电梯井犹如贯通的烟囱直通各楼层，有毒的烟雾会直接威胁被困人员的生命，因此，千万不要乘普通电梯逃生。

2. 火灾时的自救

火灾发生时，如果身上着火，千万不要惊慌失措、东奔西跑或胡乱拍打。因为奔跑时形成的风会使火烧得更旺，同时跑动还会把火种带到别处，引燃周围的可燃物；胡乱拍打往往顾前顾不了后，在痛苦难熬中，一旦支持不住，就会造成严重烧伤，甚至丧失生命。所以，一旦身上着火，应该设法脱掉衣帽。如果来不及脱掉，可以把衣服撕破扔掉。若都来不及做，可以在没有燃烧物的地方倒在地上打滚，将身上的火苗压灭；如果有其他人在场，可用麻袋、毯子等把着火人的身体包裹起来，就能使火熄灭；或向着火的人身上浇水，或帮其将烧着的衣服撕下来，但切记不可用灭火器直接向着火人身上喷射，以免其中的药剂引起烧伤者的伤口感染。

如果火场周围有水缸、水池、河沟，可以取水浇灭，不要直接跳入水中。因为虽然这样可以尽快灭火，但对后来的烧伤治疗不利。同样，头发和脸部被烧着时，不要用手胡拍乱打，这样会擦伤表皮，不利于治疗，应该用浸湿的毛巾或其他浸湿物拍打。

可运用“利用法”火海逃生。所谓“利用法”即是利用有关物品进行逃生。主要有以下几种方法：

（1）利用门窗逃生。在火场受困时，大多数人采用这个办法。利用门窗逃生的前提条件是火势不大，还没有蔓延到整个单元住宅，同时受困者熟悉燃烧区内的通道情况。具体方法是把被子、毛毯或褥子用水淋湿裹住身体，俯身冲出受困区。或者将绳索一端系于窗户横框（或室内其他固定构件上，无绳索可把床单或窗帘撕成布条代替），另一端系于小孩或老人的两腋下和腹部，将其沿窗放至地面或下层的窗口，然后破窗入室从通道疏散，其他人可沿绳索滑下。

（2）利用阳台逃生。如果火势较大，无法利用门窗逃生时可利用阳台逃生。高层单元住宅建筑从第七层开始每层相邻单元的阳台相互连通，在此类楼层中受困，可破拆阳台间的分隔物，从阳台进入另一单元，再进入疏散通道逃生。如果楼道走廊已被浓烟充满无法通过时，可紧闭与阳台相通的门窗，站在阳台上避难。

（3）利用空间逃生。在室内空间较大而火灾不大时可利用这个方法。其具体做法是在卫生间、厨房或室内有水源的地方，把可燃物清除干净，同时清除与此室相连的室内可燃物，消除明火对门窗的威胁，然后紧闭与燃烧区相通的门窗，防止烟和有毒气体的进入，等待火势熄灭或消防部门的救援。

（4）利用时间差逃生。当火势封闭了通道时，可利用时间差逃生。由于一般单元式住宅楼为一二级防火建筑，耐火极限为2～2.5 h，只要不是建筑整体受火势的威胁，局部火势一般很难使住房倒塌。利用时间差逃生的具体方法是人员先疏散到离火势最远的房间内，在室内准备被子、毛毯等，将其淋湿，采取利用门窗逃生的方法，逃出起火房间。

3. 提高自救与逃生能力

（1）熟悉周围环境，记牢消防通道路线。每个人对自己工作场所的环境和居住所在地的建筑物结构及逃生路线要做到了如指掌。若处于陌生环境，如入住宾馆、商场购物、进入娱乐场所时，务必要留意疏散通道、紧急出口的具体位置及楼梯方位等，这样一旦火灾发生，寻找逃生之路就会胸有成竹，临危不惧，并安全迅速地逃离现场。

（2）不断提高安全意识。只有在日常工作和生活中注意积累和提高各种安全技能，才能使自己身临险境而保持镇静，得以生存。因此，有火灾隐患的单位或其他有条件的单位，应集中组织火灾应急逃生预演，使人们熟悉周围环境和建筑物内的消防设施及自救逃生的方法。这样，火灾发生时，就不会惊慌失措，每个人都能沉着应对，从容不迫地逃离险境。这也是人们能从火场逃生的最有效措施之一。

（3）保持通道出口畅通无阻。楼梯、消防通道、紧急出口等是火灾发生时最重要的逃生之路，应确保其畅通无阻，切不可堆放杂物或封闭上锁。任何人发现任何地点的消防通道或紧急出口被堵塞，都应及时报告公安消防部门进行处理。

四、毒气泄漏时的避险与逃生

化学品毒气泄漏的特点是发生突然，扩散迅速，持续时间长，涉及面广。一旦出现泄漏事故，往往引起人们的恐慌，处理不当则会产生严重的后果。因此，发生毒气泄漏事故后，如果现场人员无法控制泄漏，则应迅速报警并选择安全的地方逃生。不同化学物质以及在不同情况下出现泄漏事故，其自救与逃生的方法有很大差异。若逃生方法选择不当，不仅不能安全逃出，反而会使自己受到更严重的伤害。

1. 安全撤离事故现场

（1）发生毒气泄漏事故时，现场人员不可恐慌，要按照平时应急预案的演习步骤各司其职，井然有序地撤离。

（2）从毒气泄漏现场逃生时，要抓紧宝贵的时间，任何贻误时机的行为都有可能给现场人员带来灾难性的后果。因此，当现场人员确认无法控制泄漏时，必须当机立断，选择正确的逃生方法，快速撤离现场。

（3）逃生要根据泄漏物质的特性，佩戴相应的个体防护用具。如果现场没有防护用具或者防护用具数量不足，也可应急使用湿毛巾或湿衣物捂住口鼻进行逃生。

（4）沉着冷静确定风向，然后根据毒气泄漏源位置，向上风向或沿侧风向转移撤离，也就是逆风逃生。另外，根据泄漏物质的密度，选择沿高处或低洼处逃生，但切忌在低洼处滞留。

（5）如果事故现场已有救护消防人员或专人引导，逃生时要服从其指引和安排。

2. 提高自救与逃生能力

在毒气泄漏事故发生时能够顺利逃生，除了在现场能够临危不惧，采取有效的自救逃生方法外，还要靠平时对有毒有害化学品知识的掌握和防护、自救能力的提高。因此，接触危险化学品的职工，应了解本企业、本班组各种化学危险品的危害，熟悉厂区建筑物、设备、道路等，必要时能以最快的速度报警或选择正确的方法逃生。同时，企业应向职工提供必要的设备、培训等条件，通过对职工的安全教育和培训，使其能够正确识别化学品安全标签，了解有毒化学品安全使用程序和注意事项，以及所接触化学品对人体的危害和防护急救措施。企业还应制定和完善毒气泄漏事故应急预案，并定期组织演练，让每一个职工都了解应急方案，掌握自救的基本要领和逃生的正确方法，提高职工对付毒气泄漏事故的应急能力，做到遇灾不慌，临阵不乱，正确判断和处理。

另外，根据国家有关法律法规，有毒气泄漏可能的企业应该在厂区最高处安装风向标。发生泄漏事故后，风向标可以正确指导有关人员根据风向及泄漏源位置，及时往上风向或侧风向逃生。企业还应保证每个作业场所至少有两个紧急出口，出口和通道要畅通无阻并有明显标志。

第三节　现场处置与救护

一、中毒窒息的救护

一氧化碳、二氧化氮、二氧化硫、硫化氢等超过允许浓度时，均能使人中毒。发生中毒窒息事故后，救援人员千万不要贸然进入现场施救，先要做好预防工作，避免成为新的受害者。具体可按照下列方法进行抢救：

1. 通风

加强全面通风或局部通风，用大量新鲜空气对中毒区的有毒有害气体进行稀释冲淡，待有害气体降到允许浓度时，方可进入现场抢救。

2. 做好防护工作

救护人员在进入危险区域前必须戴好防毒面具、自救器等防护用品，必要时也应给中毒者戴上，迅速将中毒者小心地从危险的环境转移到安全、通风的地方；如果需要从一个有限的空间，如深坑或地下某个场所进行救援工作，应发出求救信号以求帮助，单独进入危险地方帮助某人时，可能导致两人都受伤；如果伤员失去知觉，可将其放在毛毯上提拉，或抓住衣服，头朝前地转移出去。

3. 进行有效救治

如果是一氧化碳中毒，中毒者还没有停止呼吸，则应脱去中毒者被污染的衣服，松开领口、腰带，使中毒者能够顺畅地呼吸新鲜空气，也可让中毒者闻氨水解毒；如果呼吸已停止但心脏还在跳动，则立即进行人工呼吸，同时针刺人中穴；若心脏也停止跳动了，应迅速进行心脏胸外挤压，同时进行人工呼吸。

对于硫化氢中毒者，在进行人工呼吸之前，要用浸透食盐溶液的棉花或手帕盖住中毒者的口鼻。

如果是瓦斯或二氧化碳窒息，情况不太严重时，可把窒息者移到空气新鲜的场所稍作休息；若窒息时间较长，就要进行人工呼吸抢救。

如果毒物污染了眼部、皮肤，应立即用水冲洗；对于口服毒物的中毒者，应设法催吐，简单有效的办法是用手指刺激舌根；对腐蚀性毒物可口服牛奶、蛋清、植物油等进行保护。

救护中，抢救人员一定要沉着，动作要迅速。对任何处于昏睡或不清醒状态的中毒人员，必须尽快送往医院进行诊治，如有必要，还应有一位能随时给病人进行人工呼吸的人同行。

二、触电的救护

1. 触电者脱离电源的方法

触电急救先要使触电者迅速脱离电源，越快越好，因为电流作用时间越长，对人体伤害就越重。脱离电源就是把触电者接触的那一部分带电设备的开关或其他断电设备断开，或设法将触电者与带电设备脱离。在脱离电源前，救护人员不得直接用手触及伤员，以免救护者同时触电。在脱离电源的过程中，救护人员要注意保护自身安全。如触电者处于高处，应采取相应措施，防止该伤员脱离电源后自高处坠落形成二次伤害。

（1）低压触电脱离电源。低压触电脱离电源可采用下列方法：

1）如果触电地点附近有电源开关或电源插座，可立即拉开开关或拔出插头，断开电源。但应注意只控制一根线的开关可能因安装问题只能切断中性线而没有断开电源的相线。

2）可使用绝缘工具、干燥木棒、木板、绳索等不导电的东西解脱触电者，或抓住触电者干燥而不贴身的衣服将其拖开（切记要避免碰到金属物体和触电者的裸露身躯）。还可戴绝缘手套，将手用干燥衣物等包裹绝缘后解脱触电者。另外，救护人员可站在绝缘垫上或干木板上，使触电者与带电体脱离，在操作时最好用一只手进行操作。

3）如果电流通过触电者入地，并且触电者紧握电线，可设法用干木板塞到其身下，与地隔离，也可用干木把斧子或有绝缘柄的钳子等将电线切断。用钳子剪断电线，最好分相一根一根地剪断，并尽可能站在绝缘物体或干木板上操作。

4）如果触电发生在低压带电架空线配电台架、户外线上，若能立即切断线路电源，则应迅速切断电源，或者由救护人员迅速登杆至可靠的地方，束好自己的安全带后，用带绝缘胶柄的钢丝钳、干燥的不导电物体或绝缘物体将触电者拉离电源。

（2）高压触电脱离电源。高压触电可采用下列方法之一使触电者脱离电源：

1）立即通知有关供电单位或用户停电。

2）戴上绝缘手套，穿上绝缘靴，用适合该电压等级的绝缘工具按顺序拉开电源开关或熔断器。

3）抛掷裸金属线使线路短路接地，迫使保护装置动作，断开电源。注意抛掷金属线之前，应先将金属线的一端固定可靠地接地，另一端系重物抛掷，注意抛掷的一端不可触及触电者和其他人。另外，抛掷者抛出线后，要迅速离开接地的金属线 8 m 以外或双腿并拢站立，防止跨步电压伤人。在抛掷短路线时，应注意防止电弧伤人或断线危及人员安全。

如果触电者触及断落在地上的带电高压导线，要先确认线路是否无电，确认线路已经无电时，才可在触电者离开触电导线后立即就地进行急救。如发现有电时，救护人员应做好安全措施（如穿绝缘靴或临时双脚并紧跳跃以接近触电者），才可以接近以断线点为中心的 8～10 m 的范围内（以防止跨步电压伤人）。救护人员将触电者脱离带电导线后，应迅速将其带至 8～10 m 以外，再开始心肺复苏急救。

救护人员在抢救过程中应注意保持自身与周围带电部分必要的安全距离。不论是在何级电压线路上触电，救护人员在使触电者脱离电源时，都要注意防止发生从高处坠落的可能和再次触及其他有电线路的可能。

2. 脱离电源后的急救处理

脱离电源后，对于神志不清的触电伤员，应用 5 s 时间呼叫伤员或轻拍其肩部，掐压伤员的人中，以判定伤员是否丧失意识，禁止摇动伤员头部呼叫，如无反应、无呼吸、无意识，则高声呼救，寻求他人帮助。同时，使触电伤员就地躺平，颈部与躯干始终保持在同一个平面上，解开伤员领扣和皮带，去除或剪开限制呼吸的胸腹部紧身衣物，立即进行心肺复苏抢救。具体而言此项工作包括三方面：开放气道、人工呼吸和胸外心脏按压。

(1) 开放气道。用仰头抬颌的手法开放气道：一只手放在伤员前额，用手掌把额头用力向后推，另一只手的食指与中指置于下颌骨处，向上抬起下颌（对颈部有损伤的伤者不适用），两手协同将头部推向后仰，舌根随之抬起，气道即可通畅。严禁用枕头或其他物品垫在伤员头下，这样会使头部抬高前倾，加重气道阻塞，并且会使胸外心脏按压时流向脑部的血流减少，甚至消失。如发现伤员口内有异物，要清除伤者口中的异物和呕吐物，可用指套或指缠纱布清除口腔中的液体分泌物。清除固体异物时，一只手按压开下颌，迅速用另一只手食指将固体异物钩出或用两个手指交叉从口角处插入，取出异物，操作中要注意防止将异物推到咽喉深部。

(2) 人工呼吸。如果触电伤员意识丧失，应在 10 s 内用看、听、试的方法判定伤员有无呼吸。

1）看。看伤员的胸部，上腹部有无呼吸起伏动作。

2）听。用耳贴近伤员的口鼻处，听有无呼气声音。

3）试。用颜面部的感觉测试口鼻有无呼气气流，也可用毛发等物放在口鼻处测试。

若无上述体征可确定无呼吸。确定无呼吸后，立即进行口对口

（鼻）人工呼吸。具体方法是：在保持伤员气道通畅的同时，救护人员用放在伤员额上的手捏住伤员鼻翼，救护人员吸气后与伤员口对口紧合，在不漏气的情况下吹气。

每次吹气时间在 1 s 以上，如果吹气量足够的话，能够看见胸廓起伏，吹气时如有较大阻力，可能是头部后仰不够，应及时纠正，在吹气时应避免过快、过强。触电伤员如牙关紧闭，可用口对鼻人工呼吸。口对鼻人工呼吸吹气时，要将伤员嘴唇紧闭，防止漏气。如有条件的话，用简易呼吸面罩、呼吸隔膜进行隔式人工呼吸，以避免直接接触引起交叉感染。

（3）胸外心脏按压。未进行按压前，先手握空心拳，快速垂直击打伤员胸前区胸骨中下段 1～2 次，每次 1～2 s，力量中等，捶击 1～2 次后，若无效，则立即进行胸外心脏按压，不能耽搁时间。

正确按压位置是保证胸外按压效果的重要前提，可用以下两种方法之一来确定：

方法一：胸部正中，双乳头之间，胸骨的下半部即为正确的按压位置。

方法二：沿触电伤员肋弓下缘向上，找到肋骨和胸骨接合处的中点，两根手指并齐，中指放在切迹中点（剑突底部），食指平放在胸骨干部，另一只手的掌根紧靠食指上缘，置于胸骨上，即为正确按压位置。

正确的按压姿势是达到胸外按压效果的基本保证，按压按照以下要求进行：

1）使触电伤员仰面躺在平硬的地方，救护人员立或跪在伤员一侧胸旁，救护人员的两肩位于伤员胸骨正上方，两臂伸直，肘关节固定不曲，两手掌根相叠，手指翘起，将下面手的掌根置于按压位置上。

2）以髋关节为支点，利用上身的重力，垂直将正常成人胸骨压陷 4～5 cm（瘦弱者酌减）。

3）压至要求的程度后，立即全部放松，但放松时救护人员的掌根不得离开伤员胸壁。

4）胸外按压要以均匀的速度进行，每分钟 100 次左右，每次按压和放松的时间相等。

5）在按压时不能用力过大，因用力过大易发生肋骨、胸骨骨折，甚至引起气胸、血胸等并发症，这是复苏失败的原因之一。

心肺复苏术抢救要求口对口人工呼吸与胸外心脏按压同时进行。胸外按压与口对口（鼻）人工呼吸的比例为：单人抢救时，每按压 30 次吹气 2 次（30∶2），反复进行；双人抢救时，每按压 30 次后由另一人吹气 2 次（30∶2），反复进行。

按压吹气 2 min 后（相当于抢救时做了 5 组 30∶2 按压吹气循环以上），应用听、看、试的方法在 5～10 s 时间内完成对伤员呼吸是否恢复的再判断。若判定呼吸未恢复，则继续坚持用心肺复苏术抢救。在抢救过程中如操作者更换操作位置或由其他人员接替时，其抢救操作中断时间不应超过 5 s。在医务人员未接替抢救前，现场抢救人员不得轻易放弃现场抢救。

3. 杆上触电急救

发现杆上有人触电时，应争取时间及早在杆上开始进行抢救。救护人员登高时应随身携带必要的工具和绝缘工具以及牢固的绳索等，并紧急呼救。

救护人员应在确认触电者已脱离电源，且救护人员本身所涉环境安全距离内无危险电源时，方能接触伤员进行抢救，并应注意防止发生高空坠落的可能性。触电伤员脱离电源后，应将伤员扶卧在自己的安全带上（或在适当地方躺平），并注意保持伤员气道通畅。如伤员呼吸停止，应立即进行口对口（鼻）人工呼吸法两次，并可用空心拳头叩击心前区两次。为使抢救更为有效，应立即设法将伤员营救至地面抢救。

三、烧伤的救护

烧伤是指各种热力、化学物质、电流及放射线等作用于人体后造成的特殊损伤。在生产过程中有时会受到明火、高温物体烧烫伤害，严重的烧伤会破坏身体防病的重要屏障，血浆液体迅速外渗，血液浓缩，体内环境发生剧烈变化，产生难以抑制的疼痛。这时伤员很容易发生休克，危及生命。所以烧伤的紧急救护不能延迟，要在现场立即进行。基本原则是消除热源、灭火、自救互救。

1. 化学烧伤的救护

化学物质对人体组织有热力、腐蚀致伤作用，一般称为化学烧伤。其烧伤的程度取决于化学物质的种类、浓度和作用持续时间。常见的化学烧伤有碱烧伤和酸烧伤。常见化学烧伤的救护方法如下：

（1）生石灰烧伤。迅速清除石灰颗粒，用大量流动洁净的冷水冲洗 10 min 以上，尤其是眼内烧伤，更应彻底冲洗。切忌将受伤部位用水浸泡，防止生石灰遇水产生大量热量而加重烧伤。

（2）强酸烧伤。强酸包括硫酸、盐酸、硝酸。出现皮肤烧伤情况后，应立即用大量清水冲洗至少 10 min（除非另有说明）。如果衣服被污染，应立即脱掉或将污染的部位撕掉，同时用大量水冲洗。还可用 4%碳酸氢钠或 2%苏打水冲洗中和。

若眼部烧伤，先采取简易的冲洗方法，即用手将患眼撑开，把面部浸入清水中，将头轻轻摇动。冲洗时间不少于 20 min。切忌用手或手帕揉擦眼睛，以免加重创伤。

吸入性烧伤可出现咳血性泡沫痰、胸闷、流泪、呼吸困难、肺水肿等症状。此时要注意保持呼吸道畅通，可用2%～4%碳酸氢钠雾化吸入。

消化道烧伤后上腹部剧痛，呕吐大量褐色物及食道、胃黏膜碎片。此时可口服牛奶、蛋清、豆浆、食用植物油的任意一种，每次200 mL，保护消化道黏膜。严禁催吐或洗胃，也不得口服碳酸氢钠，以免因产生大量的二氧化碳而导致穿孔。

(3) 强碱烧伤。强碱包括氢氧化钠、氢氧化钾、氧化钾等。皮肤烧伤需用大量清水彻底冲洗创面，直到皂样物质消失为止；也可用食醋或 2%的醋酸冲洗中和或湿敷。

眼部烧伤至少用清水冲洗 20 min。严禁用酸性物质冲洗眼内，可在清水冲洗后点眼药水。

误服强碱后，立即口服食醋、柠檬汁以起到中和作用，也可口服牛奶、蛋清、豆浆、食用植物油中的任一种，每次 200 mL，保护消化道黏膜。严禁催吐或洗胃。

需要注意的是，严重烧伤早期应及时给伤员补充体液，防治休克。最好口服烧伤饮料、含盐饮料，少量多次饮用。不要单纯喝白水、糖水，更不可一次饮水过多。

2. 热烧伤的救护

火焰、开水、蒸汽、热液体或固体直接接触于人体引起的烧伤，都属于热烧伤。其烧伤程度取决于作用物体的温度和作用持续的时间。严重烧伤是很危险的，急性期要过三关：休克关、感染关、窒息关。后期还需进行整形植皮，严重烧伤的病人需进行几十次手术，最终也很难恢复到烧伤前的外形和功能。热烧伤的救护方法如下：

（1）轻度烧伤尤其是不严重的肢体烧伤，应立即用清水冲洗或将患肢浸泡在冷水中 10～20 min，如不方便浸泡，可用湿毛巾或布单盖在患部，然后浇冷水，以使伤口尽快冷却降温，减轻热引起的损伤。穿着衣服的部位烧伤严重，不要先脱衣服，否则易使烧伤处的水疱皮一同撕脱，造成伤口创面暴露，增加感染机会。而应立即朝衣服上面浇冷水，待衣服局部温度快速下降后，再轻轻脱去衣服或用剪刀剪开衣服。

（2）若烧伤处已有水疱形成，小的水疱不要随便弄破，大的水疱应到医院处理或用消过毒的针刺一小孔排出疱内液体，以免影响创面修复、增加感染机会。

（3）烧伤创面一般不作特殊处理，不要在创面上涂抹任何刺激性的液体或不清洁的粉或油剂，只需保持创面及周围清洁即可。较大面积烧伤用清水冲洗清洁后，最好用干净纱布或布单覆盖创面，并尽快送往医院治疗。

（4）火灾引起烧伤时，伤员衣服着火时应立即脱去，如果一时难以脱下来，可让伤员卧倒在地滚压灭火，或用水浇灭火焰。冬天身穿棉衣时，有时明火熄灭，暗火仍燃，衣服如有冒烟现象应立即脱下或剪去以免继续烧伤。切勿带火奔跑或用手拍打，否则可能使火借风势越烧越旺，使手被烧伤。也不可在火场大声呼喊，以免导致呼吸道烧伤。要用湿毛巾捂住口鼻，以防烟雾吸入导致窒息或中毒。

（5）重要部位烧伤后，抢救时要特别注意。如头面部烧伤后，常极度肿胀，且容易引起继发性感染，导致形态改变、畸形和功能障碍。呼吸道烧伤，如吸入热气流会导致呼吸道黏膜充血水肿，严重者甚至黏膜坏死、脱落，导致气道阻塞；吸入火焰烟雾或化学蒸气烟雾，会使支气管痉挛，肺充血水肿，降低通气功能而造成呼吸窘迫。由于呼吸道烧伤属于内脏烧伤，容易被漏诊因而延误抢救，以致造成早期死亡。因此，要密切观察伤员有无进展性呼吸困难，并及时护送到医院作进一步诊断治疗。

3. 电烧伤的救护

电烧伤是电能转化成热能造成的烧伤。由于电能的特殊作用，电烧伤所造成的软组织损伤是不规则的立体烧伤，烧伤口小、基底大且深，不能单纯用烧伤部位的面积来衡量烧伤的程度，而应该同时注意其深度及全身情况。

电烧伤有两种情况：一种是接触性电烧伤，又称电灼伤，是人体与带电体直接接触，电流通过人体时产生热效应的结果。在人体与带电体的接触处，接触面积一般较小，电流密度可达很大数值，又因皮肤电阻比体内组织电阻大许多倍，故在接触处产生很大的热量，致使皮肤灼伤；另一种是电弧烧伤，电气设备的电压较高时产生强烈电弧或电火花，瞬间所产生的温度高达 2 500～3 000℃，可烧伤人体，甚至击穿人体的某一部位，而使电弧电流直接通过身体内部组织或器官，造成深部组织坏死。

电烧伤后体表一般有一个入口和相应的出口，且入口比出口损伤重。电弧烧伤一般不会引起心脏纤维性颤动，更为常见的是人体由于呼吸麻痹而死亡，故抢救时应先进行呼吸的复苏；有神志障碍者，头部可用冰帽或冰袋。